# 逆転バカ社長

天職発見の人生マニュアル

栢野《かやの》克己《かつみ》

石風社

## 第七章 バカは倒産で学ぶ

## 第九章 バカは病気に学ぶ

# まえがき　人は誰でも、天から一通の手紙を授かっている

## 天職がわからないのは当たり前。

「あなたの天職は何ですか？」

こう聞かれて、即座に答えられる人はどのくらいいるでしょう。

「今どきの若い奴らは、自分がやりたいこともわかっていない！」

よく大人が口にする言葉です。でも、そういう人達も若い頃はどうだったのか？　高校や大学を卒業する時までに、「これが私の天職だ！」と確信していた人は果たしてどれだけいるでしょう。

厚生労働省の調査によると、就職して三年後の離職率は大卒で三割、高卒で五割、中卒で七割だそうです。大学・高校生の就職内定率も地域によっては七割を切り、一五歳から二四歳迄の失業率も、他の年代の二倍に当たる約一割にもなっています。これ以外に、失業者ではないけれども正社員ではない、いわゆるフリーターは何百万人もいます。

また、二〇〇一年の日本能率協会調査では、なんと新入社員の約七割が、将来の転職や独立起業を考えているそうです。入社数年で会社を辞めるのも当たり前ですね。

会社を辞める気がなくても、今やリストラや倒産件数は過去最高を更新中。学生や二〇代に限らず、三〇代から中高年になって、改めて自分を見つめ直す人も増えています。

子供の頃は、多くの人が何らかの夢を持っています。野球選手、サッカー選手、歌手、俳優、宇宙飛行士……etc。非常にビジュアルでわかりやすい仕事ですね。しかし、こういう華やかな専門職で生き残れる人は数少なく、大半の人は普通の仕事に就きます。ところが、飲食店や小売店などを除くと、仕事の実態はなかなかわかりません。

手元の電話帳を見ると職業分類は約一千項目あり、さらに細かく分類すると、日本には約一万種類の仕事があるそうです。営業という仕事一つとっても、法人営業や個人営業、ルートセールスや新規開拓など、様々な形態があります。約一万種類の仕事の中から自分の適職・天職を探せというのは、学生はもちろん、社会人にとっても至難のワザでしょう。

多くの人が、自分の天職に悩むのは当たり前のことかもしれません。

## 大企業のサラリーマンで挫折し、転職を重ねる。

私は現在四四歳ですが、今までに就職した会社は五社、独立は二回経験しています。大学を卒業して、最初はヤマハ発動機に就職しました。自分の向き不向きなどは全くわからず、単に有名で大企業だから、名刺交換の時にカッコイイだろうといった理由でした。結果は、押し売り営業(?)ができずにノイローゼになり、わずか八カ月で退職しました。

次は、当時、伸び盛りだったリクルート社の子会社にアルバイト社員で転職。求人広告の営業をやり、新規開拓で社内№・1になったのですが、正社員試験に落第しました。

三社目はＩＢＭの子会社であるリース会社に入りましたが、またも仕事が合わずに後輩からも抜かれ、ノイローゼになって三年弱で退社。その後、半年は失業者で暮らしました。

三〇歳になった四社目は、「今さら大企業に入っても、社内競争に負ける。優秀な人材のいない中小企業に入って挽回しよう」と、当時、話題のベンチャー企業・ミッドに入社。全国数万人の配達レディを組織して八〇円の郵便ＤＭを五〇円で配るなど、郵便業界のヤマト運輸を目指した会社でしたが、時期尚早で社内がおかしくなって退社(のちに倒産)。

## 独立一年で廃業。実母が連帯保証一億円の借金。

もう後がない。当時三二歳にして大企業から成長企業、中小、ベンチャーと四社を渡り歩き、同級生や友人知人にカッコつけるには、独立して社長になるしかない。そこで始めたのが「無料職業相談&就職先紹介業」。リクルートという就職情報会社にいた自分でさえも、仕事選びや会社選びに迷ってばかり。求人広告はいいことばかりで実態がわからず、民間人材銀行は契約先の会社しか紹介しない。職安も相談相手にはならない。

「今までの経験を活かし、就職や転職に悩む人の相談相手になり、一方でその人に合う業界や会社を探してあげよう。企業からは人材紹介料を貰えなくてもいい。悩める人を救うのが私の使命だ!」。理想は高かったのですが、現実問題として相談者から相談料は貰えず、企業からも人材紹介料を貰うことはできません。わずか半年で資金は枯渇し、ビジネス系出版社のテープ起こし兼フリーライターを月二〇万円でやることになりました。

表向きは株式会社の社長でしたが、実態は貧乏で食えないアルバイター。作家の椎名誠さんがビジネス雑誌出身だと知り、「自分も作家に成れるかも知れない、いや、無理に決まっている。俺は一体、どうしたらいいのだろう?」と悩んでいた独立一年後の九二年春、福岡の実家（母一人）が他人の連帯保証で一億円をかぶる大事件が発生。長男であり、実質的にフリーターだった私は、事件の処理をするために福岡へUターンしました。

## 親の自殺、二度目の独立。

そして、福岡の中小広告代理店に入社。求人広告と販売促進広告の営業と取材・コピーをやりながら、家の処分や株の売却等で借金返済を進めていきました。かぶった借金は一億円と一般家庭にしては膨大な額でしたが、当時の資産は持ち家が二件に福岡の中心部・天神に土地があり、ピーク時の資産評価額は約五億円。何とかなると思ってました。

しかし、あれよあれよと土地の価格は急激に下がり、イザとなると足元を見られて土地はなかなか売れません。それでも当時、借金の返済額は毎月三〇万円で手取りの給与も三〇万円。ついに手元の現金はなくなり、慌てて高給の転職先を探しました。最低必要額は五〇万円でしたが、私には特別な技術も資格もなく、そんな就職先はなかなかありません。

結局、勤務先に事情を話して当時のお客さんを半分ほど貰い、九五年八月、三六歳の時に、SOHO的な広告代理店として独立することになりました。この間、母の自殺があったり、独立後も一年後に売上が一〇分の一に激減するなど、私的な事件は山ほどありました。

借金は残った土地を投げ売り＋起業二年は好調だったので、なんとか九八年春に完済。しかしその後、起業していながら自分の天職がわからなくなり、仕事や人生にヤル気を失って年収も二〇〇～三〇〇万円台に激減。精神的・経済的に追い込まれました。

## うつ病になり、新興宗教や研修会をハシゴ。

以前の就職や転職で負けグセがついていたのか、この二度目の独立後の低迷時も何度も「自分はダメだ」と落ち込み、ウツになって心療内科や神経科にも数回通院。藁《わら》にもすがる思いで幸福の科学、生長の家、GLA、真光、阿含宗、善隣教などの新興宗教にも顔を出しましたが、所詮《しょせん》は単なる気休めでしかない。

それまでのお客の仕事でなんとか食いつなぎ、暇なときは公園や図書館でため息をつきながら、様々な人生本や起業成功本をむさぼるように読みました。何かヒントはないものかと。

また、様々な勉強会にも参加しました。成功哲学のSMI、中小企業家同友会、ランチェスター社長塾、昭和の哲人だった中村天風の講習研修会、朝起き会、倫理法人会……。

さらに、今の自分がダメなのは先祖供養をしていないからかと、熊本の寺院で内観をしてお祓いをしてもらったり、イエローハット相談役の鍵山さんや作家の小林正観さんや神渡良平さんが奨めるトイレ掃除、早起き、元気が出る呪文、瞑想……。果ては気合いを入れるために、朝四時に起きて新聞配達をしながら「ありがとう」と感謝の念を一〇万回唱えたり……。

しかし、どれも長続きせず中途半端。九八年秋から九九年一二月まで調子の良い時期はあったのですが、二〇〇〇年二月から三年弱は長期のウツ状態が続き、上記のような自分探し＝放浪の旅を繰り返していました。

「自分の天職を見つけて単なる広告屋を脱し、師匠である経営コンサルタント・ランチェスター経営の竹田陽一先生のようになりたい……。でも、無理だよなあ」と。

ところが、奇跡が起きたのです……。（あとがきに続く）

＊　＊　＊

福岡にUターンして一一年、二度目の脱サラをして八年。本業とは別に、「九州ベンチャー大学」という異業種交流会を一一年間毎月やってきました。毎回、起業家等をゲストに招いて一時間ほど話を聞き、後半は約一〇〇名の参加者と情報交換をするものです。

ゲストの方は、中小・ベンチャー企業のオーナー経営者が中心。つまり、大企業のサラリーマン社長ではなく、一代で、又は零細な家業を継いで発展させた実業家です。つまり、自他共に認める、天職を発見した人達です。カギのチェーン店で日本一になったとか、すし屋で九州一になったとか、何かの分野で№・1クラスになった人。話の内容は単なる会社案内ではなく、起業家の方の人生＝生い立ちや学生時代→就職→転職→独立物語です。

今、現在の成功話ではなく、どうやって今の天職に巡り会ったのか。交流会のゲストだけでなく、仕事や取材を通して約千人の起業家に聞いてみました。その結果、一〇代の頃から自分の天職をハッキリと意識した「天才」もいますが、大半は社会人になってから就職や転職を繰り返し、紆余《うよ》曲折《きょくせつ》の末に、自分の天職を発見したことに気づきました。

今回、この本をまとめるに当たって思うのは、私達と同じどころか、私達よりも大きなハンデを負った人が多いということです。つまり、普通の人よりもお金がなく、学歴もなく、その多くは就職や転職に失敗した経験があります。

さらには、天職を見つけたと思って脱サラした後でも、なかなかコトは上手く運んでいません。倒産や病気になったり、人生に絶望して自殺を考えた人もいます。今は各分野で活躍している人達も、過去は私達と同じく、皆、自分の天職探しに悩んでいたのです。

「人は誰でも、天から一通の手紙を授かっている。そこにはその人の天職が書かれている」。

この本が、自分の天職に迷っている人にとって、何らかのヒントになれば幸いです。

平成一五年一二月一八日　栢野克己

人生には様々なシーン、段階があります。生まれ育った家庭環境↓学生時代↓最初の就職時代↓転職時代↓独立・起業時代↓挫折・発展・危機・倒産↓再起・復活……。

この本では、各起業家の方々が天職をつかむ上で、大きなきっかけとなった段階ごとに分類しました。多少、強引な分類の仕方になりましたが、あなたの境遇と一致する箇所も多々あるはずです。ご自分の過去を振り返りながら、お読み下さい。

# 第一章 バカは貧乏に学ぶ

家が経済的に苦しく、貧乏な家庭環境であること。一般的には、貧しい境遇に育つことはマイナスだと考えられていますね。資本主義社会では、未だに成功＝経済的に豊かになることが大きな価値観です。でも、子供の時代や一〇代での貧乏は、ハングリー精神を鍛えるのには絶好のチャンスです。戦後の日本を支えた世代は、皆、貧乏な境遇でした。貧乏だから親に頼らず必死で働き、早くから自立心を持つことができたのです。

「松下電器」の創業者・松下幸之助は、四歳の時に実家が米相場で破産。九歳で丁稚奉公に出されたのは有名な話ですが、それがなければ後の松下電器はありません。福岡でも、実家が貧乏だったおかげで成功した人は山ほどいます。

ダンパー等の空調機器メーカーで株式公開した「協立エアテック」の創業者・久野氏は、父親が事業失敗して家を売却。大学に行く金はなく、高卒後に海上自衛隊やトラック運転手を経て、「協立エアテック」の前身となる鉄工所を開業しました。

長崎チャンポンのチェーン店「リンガーハット」の米濵社長は、自身が小学三年の時に父の鮮魚卸が倒産。母が行商しながら家計を支えます。その後、米濵さんは大学受験に失敗しますが、浪人する金もないので兄と共にトンカツ屋を創業。のちにトンカツ屋は「浜勝」チェーンとなり、長崎チャンポンのチェーンでも成功します。

二〇〇〇年に株式公開した福岡の不動産デベロッパー「ディックスクロキ」の黒木社

長は一九五五年生まれの若さですが、宮崎の実家には小学校四年まで水道がなく、自分で井戸を掘って給水設備を作ったそうです。その後、中卒後に職業訓練校を経て大工を一一年やり、工務店の営業を経て二九歳で独立しています。

福岡の若手ITベンチャー「ベルズシステム」の小野寺社長は家庭が貧しく、アルバイトをしながら苦学して九大を卒業。その半年後にはネットビジネスで起業しますが、約二年間は仕事もほとんどなく、日雇い労働で生活をする日々を経験しています。

高速物流システムメーカー「第一施設工業」の篠原社長は中学生の時に父が死亡。進学校の受験にも友人仲間で唯一失敗し、家計を支えるために高校・大学とエレベーター取り付け修理のアルバイトをします。「兄弟を食わせるため」そのまま起業し、約二〇年間メーカーの下請けをした後、初の自社商品「クリフター」を開発。半導体のクリーンルーム等で続々と採用され、福岡では数少ないメカトロベンチャーに成長しています。

化粧品や健康食品の通販大手「ファンケル」の池森社長は九歳の時に父が事故死。五人兄弟の家は極貧になり、社会科の地図帳も買えない生活になります。中卒後はパン屋の住み込み店員の傍ら、夜間高校と柔道で睡眠時間は三時間の生活。短大中退後に一五年間ガス会社で働き、三七歳の時に仲間とコンビニを開業するも、三千万円の借金を抱えて倒産します。またも極貧に陥りますが、兄のクリーニング業を拡大させて、借金は二年で返済。一九八一年、妻の肌荒れにヒントを得て、無添加化粧品をスタートしました。

極め付きは「カレーココ壱番屋」創業者の宗次《むねつぐ》さん。家が貧乏どころか、捨て子として孤児院で育ちます。三歳の時に実業家の養子になりますが、養父が競輪にのめり込んで破産、夜逃げ。四歳から屋台を引いた養母の手伝いをし、高卒後は不動産会社に就職します。その後、二四歳で独立して不動産と喫茶店を夫婦で開業。妻が作った喫茶店のカレーが当たり、「カレーココ壱番屋」のチェーン展開に乗り出しています。

以前、私が宗次さんに会ったとき、成功の秘訣を聞いてみました。

「破産後は電気も水道も止められ、四歳から井戸水でご飯を釜で炊いた。そんな貧乏生活が高校まで。パワーの源はと聞かれたら、この時のハングリー体験ですね。頑張って働くことでは誰にも負けない。趣味もないし、スナックにも行ったことはありません」。

長引く不況や倒産、リストラで、貧乏な家庭は増えています。しかし、それは次の時代に逞しく生きる、起業家を育てるには絶好のチャンスでもある。そう思いたいですね。

# 「俺の人生は何なんだ!?」と思い悩んだ転職時代

極貧↓成績最低↓日雇い労働↓転職一五回↓九州一のコイン駐車場メーカーへ。

**テクニカル電子株式会社**
代表取締役　本房周作《ほんぼうしゅうさく》

「テクニカル電子」は九州一の駐車場管理機械メーカー。犬マークの一〇〇円コインパーキング等、福岡県だけでも約一万台以上の駐車施設を展開。この一〇年で売上も一〇倍になった。近年はオフィス用小型自動販売機などの新規事業も活発で、二〇〇〇年には株式上場会社の「中央無線」を買収している。

## 極貧、成績最悪、転職人生。

本房社長の人生はメチャクチャ。昭和二六年鹿児島生まれ。三人の姉がいたが、本房の生後間もなく母が病死。日雇い労働者だった父に、建設現場で育てられる。幼い頃は「建設現場近くの木に犬のように紐でくくられて」遊んだという。

小学校・中学校時代はほとんど生活保護状態。母がいないため、昼の弁当は畑で芋や野菜を調達し、遊びの釣り竿も竹を切って作ったりした。

中学時代の成績は五三人中五二番。高校は「名前を書けば入学できた」県下最低の工業高校を、姉の仕送りを受けながら昭和四五年に卒業する。

集団就職でトヨタの下請け・豊田鉄工に入社。工場内の修理・保守を担当する。五九秒に一台カローラを生産するラインで、勤務は朝・昼・晩の三交代制。トヨタのカンバン方式を学び、それなりに働いた。しかし、ある日、仲間と会社のバスを無断で拝借して食事に繰り出す。それが発覚し、責任を取らされてクビになる。

一旦、故郷の鹿児島に帰るが、何もない田舎。「お前は免許もあるから、商店の運転手でもやれば」とすすめられたが、「〝あいつは失敗して帰ってきたらしいぞ〟と思われるのも嫌。俺だって、いつか一旗揚げてやるぞ」と再起を誓った。

## 車に寝泊まりしながら職を転々。

中古のバンに乗り、とりあえず人の多いところに行こうと福岡へ。しかし、友人知人はゼロで当てもない。月四千円の倉庫に泊まったり、車の中で寝泊まりするようになる。

住民票も保証人もないので、まともな会社には就職できない。履歴書が不要な仕事なら、何でもやった。日雇い建設現場、ガードマン、布団やアルカリイオン整水器の訪問販売など。

また一時は、仲間と一緒に脱サラして様々なビジネスをやった。農薬を売ったり、国や県の助成金申請を代行したり、電話機の訪問販売をしたり……etc。しかし、どれも売りっぱなし。長続くことはなく、毎日が食うに事欠く状態。

「賞味期限の過ぎたパンを貰ったり、古道具屋のポットでボンカレーを温め、紙のトレーで食べた。〝俺の人生は何なんだ〟と、毎日考えていました」。

二五歳の頃、電気工事店の下請けとして自動ドアの修理を始める。しかし、下請けだけでは食えない。「故障中」の張り紙がある自動ドアを見つけ、町の飲食店や企業に飛び込んだ。

「でも、あの頃は営業も苦手でね。飲食店に飛び込んで〝いらっしゃい！〟と言われると〝じゃあ、カツ丼お願いします〃と注文してしまう有り様。毎日毎日、何とかしなければと焦っていました」。

その後も職を転々と変え、三〇歳を迎える。

## 捨てられた自動ドアを改良し、駐車場の鎖ガードを開発。

ある時、自動ドアの取り替えをやっていて「捨てられた機械がもったいない」と家に持って帰る。そして、左右に動く自動ドアを上下に動くようにし、左右に鎖をつけてみた。

「単なる遊びだったが、これを何かに使えないか。そうだ、駐車場には無断駐車が多い。これを入り口につけ、リモコンで上下させれば不法侵入が防げる。これはイケル！」

今やよく見かける、駐車場の入り口の鎖ガードがリモコンで上下するシステムだ。これが初の自社商品「テクニカルゲート」となる。

しかし、商品ができたはいいが、事務所は自宅のワンルーム。自分一人で電話が一つ。外に出ている時は注文も受けられない。日本パーク販売という名刺も作ったが、全くの無名で電話帳にも載ってない。カタログを作る金もない。

当初は全く売れず、相変わらず臨時のバイトや下請け工事を続ける。しかし、電話代行会社を使

うことで営業に専念できるようになり、現物写真をカラーコピーして駐車場オーナーを廻る。と同時に駐車場を借りている人にもチラシを配り、「これがあると、不法駐車や盗難が防げます」とPR。駐車場管理人の人件費より安く、管理も楽、借りる側にとっても安心であることが徐々に浸透する。

しかし、やっと日銭も入るようになって妻子を福岡へ呼ぶも、事務所は自宅兼用のアパート。本来の「宵越《よいご》しの金は待たない」性格もあり、ひと仕事決まるとパチンコ三昧《ざんまい》の生活へ。

ここで大活躍したのが本房の妻。本房がパチンコに行っている合間に、電話営業で次々に駐車場オーナーへアポイントを取り、帰ってくると「アンタ！　明日はここへ行っといで！」とスケジュール表を渡された。

こうして個人営業を五年した後、昭和六三年、本房が三六歳の時に会社も株式会社に法人化した。

## コインパークにノウハウ応用、二年で市場を席巻。

その後、各種カードの自動販売機を製作。当初は「会社が小さい」と言われて不採用だったが、粘りの営業活動でNTTのテレホンカード用に二千台を納入。

次はカラオケのミュージックカード販売機を開発。これが当時、バカ当たりした。カラオケ機器を作る第一興商・ビクター・日光堂等のほぼ全メーカーに採用され、社員八名の時に一〇億円のビルを購入した。

「ちょっとした発想でした。カラオケカードは先払いだから店も売り上げが増え、客も便利で喜んだ。こういう仕組みが大事だと気づいた」。

しかし、カラオケブームは数年で去り、本房は新しいビジネスを模索する。そして目を付けたのが、コインパーキング。駐車機械はお手の物でコインの機械はカード販売機の応用。そして、営業先となる駐車場オーナーは、既に「テクニカルゲート」の販売で把握済み。

コインパーキングは、本房が今までに身につけた技術力・商品力・営業力・顧客データが全て活かせる、まさに本房の天職だった。

同業他社に先駆け、領収書やお釣りの出る機械も開発。平成七年には「九州・山口地域企業育成金」の認定企業にも選ばれ、遠隔操作で駐車場を監視する「サクセス・アイ・ステーション」も完成させた。

こうして、わずか二年の間に瞬く間に市場を席巻。九州地区ではシェア五〇パーセント以上となった。創業当時一億円の売上も、約三〇億円に迫る勢い。平成一一年には「九州・山口地域経済貢献者財団」より経営者賞を受賞。株式上場を期待する声も多い。

しかし、本房は意外に冷静だ。

「コインパーキングも今や過当競争。今は見極めの時期です。こういう業界は、移り変わりが激しい。テレホンカードも大手が来た時にすぐやめた。結果は、もうテレカの時代じゃないですね。カラオケカードも、一曲いくらから時間制度になってアッという間に終わり。調子に乗るのではなく、常に先を考えて手を打たないと」。

## 金を飲み込む機械。

一九九九年からは、飲料の小型自動販売機を開発。コカコーラ等の大手巨大メーカーの市場に挑む。屋外や玄関ではなく、各会社の社内に自動販売機を設置していこうという考えだ。

「馬鹿なことをと言われますが、常に新しいことをやってないと落ち着かないんですよ。でも、やることは一貫してます。テレカもカラオケも駐車場も、そしてドリンクの自動販売機も、全てお金を飲み込むものばかり。私は貧乏でしたから、お金を飲み込むものばかり作るんです(笑)。それに、〝あいつは今は商売が当たっているが、そのうち痛い目に会うぜ〟という周りの期待もあります。それは何としても裏切らないとね(笑)」。

実際、二〇〇〇年一二月には、上場会社である大手モニターメーカーの「中央無線」を買収。本房は、いきなり上場会社の経営者となり、周りを驚かせた。

そして、赤字商品を全廃するなどのリストラや、仕入れ・営業方法を大幅に変更。自身の給与はゼロにして、役員車などの贅沢品も廃止するなどの再建策を強行した。

その結果、一〇億円の赤字で瀕死の状態にあった中央無線は一億弱の黒字会社に転換。わずか一年で放送局向けの優良モニターメーカーに生まれ変わった。

当然、今までいた社員からは猛反発を受けたが、再建には外部からの人や応援は頼まず、本房は一人で中央無線に乗り込んだ。

「最初は刺し違えをする覚悟でした。でも、草を食って生きてきた極貧経験者からすれば、無駄や贅沢がいくらでも目に付いた。ぬるま湯に慣れた人間に、冷水を浴びせただけです」。

## 「まずはチャレンジ。限界を自分で作るな」。

本業のコインパーキングでは一定のシェアを確保し、日銭は安定して入ってくる。もう、新たな冒険をしなくても充分食っていける。

経理や社員からは「もう変なことに首を突っ込むのはやめて」と言われるが、本房は新規事業には常に意欲的だ。法人化して一五年。今まで一度も赤字になったことはない。

「うちはゲリラ。大手じゃない。あえてチャレンジしなければ駄目。バカになること。そして、常に次の新しい手を考えねば。私の人生がまさにそうだったんで、これはもう習性ですね」。

戦後五〇年。良い学校→良い大学→大企業への入社がゴールの時代が終わった。今後はますます各人の自立が問われ、脱サラも考えざるを得ない。

本房は自らの経験をふまえ、IB（インキュベーション＝孵化《ふか》）事業部＝起業家の育成も始めた。

「まだまだですが、俺でもここまでできた。経歴の通り、俺は完全な劣等生・落ちこぼれですよ。でも、誰にでも可能性はあるんだ、できるよと言いたい。

必要なのは、アクションを起こす勇気。日本は敗者には冷たい。〝あいつは失敗したらしい〟とか、〝借金抱えたらしい〟と無視する。

でも、そうなら、俺なんか過去に何べん死なないといけなかったか。自分の能力は過大評価したらいい。一所懸命やれば、誰かが補ってくれる。

そして、ちょっとしたアイデアや出会いが、人生を変える」。

## 転職は自分探しの旅。

当初のヒット商品「テクニカルゲート」を開発した時は、当時、電話代行もやっていた「事務機ビル」のオーナー・中西社長が様々な相談に乗ってくれた。

また、ユーザー第一号は、福岡都心に多くの土地を持つことで有名な、紙与《かみよ》産業の渡辺会長。飛び込みで来た本房を見抜き、「テクニカルゲート」やコインパーキングを次々に導入した。

「私は汚い作業服に真っ黒な爪で、カラーコピーの手作りカタログで説明しました。でも、ああいう人は外見で人を判断しないんです。同業他社の製品を使う場合も、〝じゃあ、『テクニカル電子』経由で〟なんて言ってくれた。今でも可愛がって貰ってます」。

本房の転職回数は約一五回。無学歴に等しく、最初の豊田鉄工を辞めた後は、まともな会社に就職できなかった。どの会社も無名で商品力もない。結果として、エスキモーに氷を売るような営業力を身に着けた。それは、後にメーカーとして出発する際には強力な武器となった。

「独立して今のようになるなんて思ってもみなかった。毎日が食うために必死でしたね。でも、転職で多くの業界と仕事を勉強した。自分で自分を発見するためには、何かをやらないとわからない。転職は、自分探しの旅でもあるんですよ」。

# 「大学出て妻子もいるのに、露店でカギ屋か!?」

大学卒業→商社→トランプ会社→倒産→失業→市場調査会社→露店商→カギメーカー勤務→独立

日本一のカギチェーン
**(株)カギの一一〇番/(株)カギの救急車**
代表取締役　上野耕右《うえのこうすけ》

「カギの一一〇番」や「カギの救急車」のブランドで知られる「カギの救急車」。全国に約二〇〇店をチェーン展開し、合い鍵の製作や修理、錠前の販売を行っている。この数年、ピッキング等の犯罪急増もあり、事業は急拡大。カギに加え、防犯装置や防犯ガラスの販売等の総合セキュリティ企業に脱皮した。

二〇〇一年には九州で初めて日本フランチャイズチェーン協会の役員に就任。また、経済誌「日経ビジネス」の優良フランチャイズランキング調査では、サービス業部門で全国二位に選ばれている(二〇〇二年九月号)。

既に業界では圧倒的なNo・1企業だが、二〇〇五年には五〇〇店体制を目指す。

## 三歳で父が戦死。金持ちになりたい。

上野は昭和一五年福岡県嘉穂《かほ》郡生まれ。実家は元々造り酒屋だったが、上野が三歳の時に父が戦死。一気に貧乏生活に追い込まれる。「戦後のドサクサの中、母は女手一つで私ら三人の子供を育ててくれました。当時は女が働くなんて考えられない時代。母はあらゆる仕事をやりながら、一言も泣き言を言わなかった。スゴイお袋です」。

高校卒業後は働くつもりだったが、剣道の先輩からの推薦で関東学院大学に入学。

「とても大学なんて無理だと思ったんですが、お袋が〝男がこんな田舎でくすぶっていても駄目だ。東京へ行って頑張れ。お金は何とかするから〟と。アチコチから借金してくれて大学へ行かせてもらいました」。

学生時代は体育会剣道部の活動に熱中。合間には港湾荷揚げの警備員等をやり、「今に見ておれ。俺は金持ちになるぞ」と誓った。

就職活動では測定器大手のミツトヨ製作所に内定を貰うが、希望だった海外貿易ではなく国内営業だったので辞退。工具商社の峰岸へ入社する。建築現場用の機械等の営業でトップセールスになるが、悪い先輩とパチンコや映画にはまりこみのサボリがばれて二年後に退社。その後、東洋トランプという会社に、当時としては高給の三万八千円で入るが、入社一〇カ月で会社が倒産。社会人のスタートから立て続けの失職で挫折する。

しかし、持ち前の営業力が認められ、職安経由等で三社に内定。一番給与の良かった会社に行こうと思っていたところ、倒産した東洋トランプの業務にいた人間と会う。事情を話すと「金だけじゃない。金よりも大事なことがあるのでは」とアドバイスを受け、三社で一番給与が低かった商工研究所という市場調査・マーケティング会社へ入社することになる。

この会社は工具商社時代の先輩の奥さんの紹介でもあった。

「出会いですねえ。この会社で僕の一生を決める天職を見つけるんですから。あの時、偶然会った、東洋トランプの人からのアドバイス、先輩の奥さんの紹介がなければ商工研究所には入らなかった。出会いで人生はいかようにも変わるんです」。

商工研究所では営業を担当。ガソリンスタンド・運送業・建設業等、様々な業種を対象に市場調査の仕事を提案していった。また、この時に出会った専務に強い影響を受ける。仕事の仕方、営業の仕方、商売の仕方等、徹底的に鍛えられた。

## カギとの出会い。いきなり露店商に。

ある日、上野がマーケティング活動中に歩いていると金物屋からキーンという音がする。見ると黒山の人だかり。合い鍵を作っていたのだ。

「ピンと来ました。これはいけるんではないかと。当時、マンモス団地が次々に建っていました。カギの需要はこれから益々増える。でも、ライバルはこんな小さな店ばかり。勝てると思いました」。

上野はその場で仕入先を教えて貰い、カギの材料と加工機械を調達。しかし、店を構えるほどの金はない。ならば、こちらからお客さんを回ろうと、団地の中で露店商を始める。日本初の「出張カギ屋」の誕生だ。上野二七歳の時である。

「友人知人からは〝大学まで出て、妻子もいるのに露店商か〟と言われました。でも、やってみなくちゃわからないし、やりたかった」。

商売は最初からうまくいった。団地のポストにチラシを入れると、アッという間に主婦が殺到。当時の二〇代サラリーマンの平均給与は月二～三万円だったが、上野の手取りは毎月一〇万円を超えた。

## 仕入れ先からスカウト。

カギはフキというメーカーから仕入れていたが、ある日、そこの社長から声を掛けられる。
「上野さん、あんたはカギを沢山売ってるようだが、露店商じゃもったいない。うちで働かないか」。

充分稼いでいた上野は断るが、その後もフキの社長からの誘いはしつこい。頼まれて、名古屋で行われたビジネスショーにフキの応援要員として参加する。ショーの目的はカギの加工機械PRだが、そこでも上野は目覚ましい業績を上げる。

普通はブースに来たお客にのみPRするが、上野は会場内を動き回り、キャッチセールスさながらに見学者をブースに引っ張った。自らカギの修理・販売経験がある上野の話は説得力があり、商談は次々に成立。ますます上野に惚れたフキの社長は「将来は代理店を任す。うちに入社してくれ」と口説き、上野も代理店がやれるのならと承諾。独立を前提でフキに入ることになる。

平社員で入った上野は瞬く間に業績を上げ、アッという間にNo・2の専務に昇格。入社当時は社員一二名で一〇坪の貸間だった会社を、社員五〇名、七階建ての自社ビルを持つまでに成長させる。

そして入社八年目に退社。当初の約束通り、フキの九州地区代理店を福岡でスタートする。昭和五一年三月、上野が三五歳の時だ。

## カギの一一〇番の誕生。

カギの材料・錠前・カギの加工機械などの販売会社として、上野は様々な小売店や会社を回った。

「カギはこれから有望なビジネスです。是非、新規事業としてカギ屋を始めませんか？　材料や機械はウチが卸しますから」。

しかし、当時の九州では、カギ屋と言えば雑貨屋や金物屋が副業で細々とやる程度。カギ専業で本格的なビジネスとしてやっているところは一件もない。「お前はカギの機械を売れば儲《もう》かるだろう。でも、カギの小売店なんかがうまくいくはずがない。そんなに言うなら自分でやってみろ」。

行く先々で喧嘩を売られた上野は、ならば見本を見せてやろうと「カギの一一〇番」を設立、直販店を開業。卸売りと小売業を兼務することになる。

以前は出張露店商だったが、今度は店にいかに集客をするか。しかし、店構えに金を使い、宣伝

広告する金もない。上野は考えた。「人はカギを無くした時にどういう行動をとるか」。市場調査時代のノウハウで調べた結果、電話の一〇四に聞くという答えが一番多かった。

そして、上野は奇想天外な行動をとる。自ら、自分の店の電話番号を一〇四に問い合わせたのだ。

「すいません。カギを無くしたんですが、『カギの一一〇番』という店は何番ですか？」

「はい。『カギの一一〇番』は＊＊＊の＊＊＊＊です」。

当時の一〇四は無料。これを毎日、妻と二人で何百回も繰り返した。つまり、一〇四の交換手に、「カギの一一〇番」の存在を覚えて貰おうとしたのだ。

五カ月後、効果を確かめる電話をしてみた。

「鍵を無くしたんですが、どこかにカギ屋はありますか？」「えーっと、『カギの一一〇番』という店がありますよ」と。上野は小躍《こおど》りして喜んだ。

これだけではない。電話番号を教えてくれた一〇四交換手には「いやー、さっき教えて貰った『カギの一一〇番』は技術力が高くて早い。大変助かった。ありがとう」と、後で電話を入れた。単に社名の認知だけでなく、あそこは腕も良いらしいという口コミを一〇四の中で広めようとしたのだ。

またある時期は、人の集まる新幹線や野球場でも、自分で自分を呼びだした。「『カギの一一〇番』の上野さん、お電話がかかっています」。これで一気に数千人に社名をPR。しかも無料だ。

まさに法律違反すれすれ。今では時効の奇策だが、「金がないならないで、何か方法はある。追い込まれた時は知恵を出すチャンスですね」。

## FC希望者が殺到。二〇〇五年には五〇〇店へ。

こうしたゲリラ戦法を地道に続ける一方、技術力とサービスでも他を圧倒した。カギと錠前の技術は、新たな犯罪に対応するために日進月歩で進歩していく。その為、カギ屋は常に最新の技術力を身につけねば顧客の要望に応えられない。

その点、上野はカギのトップメーカーであるフキの専務まで務め、その後も九州地区代理店としてカギの最新情報はいち早く入ってくる。人によっては三時間かかる開錠を一〇分でやったり、他社が断るベンツ等の外車にも対応。技術力の高さが認められ、警察関係からも依頼がくるようになった。

また、露店商の移動販売を発展させ、無線で市内を巡回するパトロールカーもいち早く導入。二四時間三六五日体制で出張作業を実施した。このユニークさがマスコミにも度々報道され、開業希望者も殺到。創業二年目には早くも五つのFCがオープンし、その後も毎年店は増え続けた。

## 東京・大阪へ進出。競争力で圧倒。

既に西日本一になっていた一九九五年、「カギの救急車」東京本部を設立し、全国展開へ乗り出す。

「最初は九州だけと考えていたんですが、東京のある業者がカギの全国展開に乗り出した。技術力も十分ではないのにFCを募っている。これはいかんと思い、こちらから乗り込んでやろうと。もちろん、市場の大きさも魅力でしたがね」。

東京はカギの需要に比べて業者の数が少なく、結果として、同業は待ちの商売で技術力も低い。九州の小さな市場で鍛えられた上野にとって、大市場での成功はたやすかった。東京に進出して二年で売上は倍増。一九九六年に五一店だった店舗は、一九九七年には六七店、一九九八年には七八店と飛躍的に伸びる。

一九九九年には大阪本部も設立して一〇〇店舗を突破。二〇〇〇年には一二〇店、二〇〇一年には一六〇店を越え、二〇〇五年の全国五〇〇店体制も視野に入った。今や、業界では圧倒的な№・1チェーンである。

二〇〇一年には九州本社では初となる日本フランチャイズチェーン協会の役員にも就任。FC加盟店の育成と指導力も高く評価されている。

上野はその風貌から超ワンマンと見られるが、根はもの凄く素直。若い女性や新FC店の意見にも率直に耳を傾け、間違っていたらすぐに謝る。

上野の成長は、行動力の裏に素直さがあったからこそ。それは、九〇歳になる上野の母の教育に他ならない。

# 第二章
# バカは受験失敗・無学歴に学ぶ

「イイ学校を出て有名企業・大企業に勤め、出世すること。それが人生の成功である」。私の父は昭和六年生まれですが、当時では珍しく大学へ進学。それも国立の神戸大学を卒業し、入社した福岡シティ銀行では三〇代にして取締役になりました。もちろん、学歴だけで出世したわけではありませんが、私も進学高校から一流大学に入ること、それが人生で成功することだとずっと考えていました。銀行の社宅で育ち、周りの環境もそうでした。

今思えば本当に恥ずかしいことですが、三〇歳ぐらいまでは相手が九州大学や京都大学や早稲田・慶応出身と聞くと、それだけで凄い人だと怖気《おじけ》づき、高卒や無名大学だと見下していました。本気で、学歴＝社会での価値＝人間の価値だと思っていました。だから、サラリーマン時代に自分が不遇の時も、週刊誌の有名企業の社長出身大学ランキングなどを見ては、「腐っても関関同立で西日本では有名。俺は立命館大学出身だから、イイ線行っている。大丈夫だ」などと自分を慰めていました。恥ずかしい話ですね。

バブル崩壊前のサラリーマン世界、特に、終身雇用だった大企業では、明らかに学歴・出身大学差別はありました。今でも、多くの大企業ではその名残《なごり》はあるはずです。しかし、今や有名大学を出れば大企業に就職して人生も安泰、という図式は完全に崩壊しました。ほとんどの会社で終身雇用制度が揺らぎ、実力主義、成果主義に移行しつつあります。中小やベンチャー企業では昔から学歴なんて関係ないですし、ましてや完全実力社会の独立起業では、学歴は全く関係ありません。

一年前、私がつき合いのある福岡の創業社長一〇〇人の学歴を調べた時、一番多かったのは高卒以下で、全体の六割を占めました。次に多かったのは出身大学では福岡大学ですが、これは単に学生数が西日本一だということでしょう。九州大学等の国立大学や早慶はほんのわずかでした。つまり、独立起業の世界では、高学歴ほど不利と言えるかもしれません。

一代で巨大な「京セラ」グループを作り上げた稲盛さんは、中学時代に二度進学校の受験に失敗。大学も希望だった大阪大学には落ち、仕方なく鹿児島大学へ進学しました。国立とは言え、田舎大学で大企業への就職もことごとく失敗し、赤字会社で銀行管理だった松風工業に入社。そこも同期六人中五人が半年で退社するほどの会社だったそうですが、一念発起《いちねんほっき》して特殊セラミックの開発に成功。その後、脱サラして大成功を収めます。

福岡・中洲地区で五年で地域No.1になった「福一不動産」古川社長は、無名の大分工業大学だったので大手ゼネコンの入社試験は全て落ち、結果としてマンションデベロッパーに入社。そこで鍛えた営業力を武器に脱サラしました。

医療用ソフト開発で九州トップクラスの「フューチャーリンク」山本社長は、父親が倒れて福岡大学を中退しています。

九州のベンチャー支援として大活躍中の「ディーブレイン九州」の浅井さんは、高校を中退して水商売の道に入り、その後公認会計士に。

「旭硝子西日本建材」のトップセールスだった村上さん（現在、不動産総合センター勤務）は、高卒後に美容師や日雇い労働を経て旭硝子に入社。大企業の学歴差別に勝つため資格を独学で一五も取得、通信制で、産能大学を三七歳で卒業しました。

九州発の本格的な株式スクール「ライズ」を展開、三五歳にして億の資産家になった「ピーエムエー」の周藤社長は、中学時代は暴走族、工業高校時代は麻雀に明け暮れて大学進学を断念。その後入社した三和シャッターでトップセールスになり、独立して大成功しています。

これら、無学歴者に共通するのは、大卒や有名大学出身者に対する負けん気。実家が破産して高校中退せざるを得なかった「日本ガードサービス」の市川社長は「同級生が大学を卒業する二二歳迄に社長になる。奴らに勝つには、それしかない」と思ったそうです。

今の時代も、高卒や無名大学では大企業への就職は難しい。しかし、だからこそ、学歴に頼らない自立心が身に付く。受験失敗や無学歴は、一〇代での貴重な挫折経験なのです。

# 受験に失敗、悪童の負けん気でヒットを連発

母子家庭→貧乏→高卒→アルバイト→職業訓練校→無線会社→二三歳で脱サラ→倒産を経て

園芸用散水ノズルで日本一
**株式会社タカギ**
代表取締役　髙城寿雄《たかぎとしお》

「タカギ」は園芸用散水ノズルでシェア六〇パーセントを持つ日本一のメーカー。他にも浄水器や灯油ポンプなど、プラスチック射出技術を生かし、様々な家庭用・園芸用製品を開発。レジャー分野では一九九六年に開発したペットボトルロケットの製作キッ

トが日本中でブームに。特許・実用新案を約一六〇保有する開発型メーカーとして、年商はグループで約六〇億円。

## 国内シェア六〇パーセントの特許商品。

園芸などで欠かせない散水ノズル。「タカギ」の「ノズルファイブ」は、ワンタッチでシャワー・直水・ジョロ・キリ状など五通りに水の出方が切り替わる。最近では類似品もあるが、この散水ノズルは国内シェア六〇パーセントを占める「タカギ」の特許商品である。

他には散水や洗車用のホースリール、光センサーとＩＣで灯油があふれない乾電池式の灯油ポンプ、殺菌率九九パーセントの高機能浄水器など、園芸用・家庭用のアイデア商品を数多く開発している。

浄水器「みず工房」は殺菌セラミックという特殊技術を採用し、従来問題だったカートリッジ内部の雑菌繁殖も防ぐ特許商品。「西日本暮らしの発明工夫展」で最高の九州通産局長賞を受賞し、全国公団住宅の共同購入指定商品にもなった。

「リュックタンク」は阪神大震災後に開発した緊急・携帯用に水を確保できるタンク。リュックのように背負えるもので「ジャパンＤＩＹショー９５」で通産大臣賞を受賞した。一九九六年には水と空気の力で飛ばす「ペットボトルロケット製作キット」が大ヒット。日本中でブームとなったが、これは入社二年目の女子社員が中心になって開発したという。

このように「タカギ」は園芸・家庭用のアイデア商品を次々に開発。近年のエコロジー・ガーデニングブームもあり、この不況下でも増収増益を続けている。

調査会社の東京商工リサーチが毎年発表する「九州沖縄の増収増益会社」でも〝元気な会社〟として何度も取り上げられた。特許や実用新案も約一六〇と、会社の規模にしては相当の保有数。このパワーの源は、やはり代表者の高城に負うところが多い。

## 悪ガキのイタズラ心で発明を連発。

高城は三歳の時に父を戦争で亡くし、家庭は決して裕福ではなかった。小学生の頃から様々な工夫やアイデアを凝《こ》らしたいたずらを連発。中学時代にはそれが発明心に転じ、七輪の火を効果的に燃やす「集風器」や薪を効率的に運ぶソリなどを発案。市や福岡県の発明展で特選や優秀賞を次々に受賞した。また、ある時は空気銃の圧縮空気で火薬に点火するという改造銃も製造。犬や猫を相手に試し打ちするなど、相変わらずいたずらは盛んだった。

高校は進学校だったが、予備校化していた校風が合わず様々な問題を起こす。そして、なんと無期謹慎処分を二度受けて転校。しかしそこは自由な校風で、また発明に熱中した。

高校卒業後は予備校にも一時通ったが、神経性胃潰瘍の入院で進学を断念。その後の三年間はアルバイトでモーターボートを作ったり、オートバイやアクアラングといった遊びに夢中になった。

「当時は石原慎太郎の小説『太陽の季節』が流行った頃で、若者は新しい生き方を模索していました。私は私立大学に行ける金はなかったし、国立に入れるほどの勉強はしてなかった。いわば落ちこぼれですが、皆と同じ人生も歩きたくなかった。そこで、まずは会社をつくってひと儲《もう》けし、三〇歳くらいで大学へ行こうと考えました」。

## 同《おな》い年の大学生に負けたくない。

同い年の大学生に負けたくない、好きな機械や電気の技術を身につけようと、二一歳の時に東京の大井職業訓練所へ入所し、ステレオや白黒テレビの製造や修理を学ぶ。その後、無線製造会社に一年勤務し、二三歳の時、北九州で「高城精機製作所」を個人創業。最初の一年はラジオやテレビの修理をしていた。

その後、プラスチックの容器をつくる金型《かながた》製作に転じ、大手家電メーカーの部品を手がけるなど、徐々に九州では指折りの金型製作会社になる。しかし、一九七三年の新工場完成後にオイルショックで注文が激減。一九七七年に和議申請し、事実上倒産してしまう。

その後、債権者や金融機関の支援もあり、二年後に新会社「タカギ」で再スタートする。

「今では大企業の倒産も珍しくない時代ですが、いい経験になりましたね。あれを契機に、景気の影響を受けやすい受注産業・下請けから脱皮しよう、自社ブランド商品を作ろうと決心しました。しかも、特許や実用新案も取る。発明のビジネス化だと」。

## 発明のきっかけは社員の声。

その第一号商品は「タンク付き灯油ポンプ」。当時の暖房は石油ストーブが主であったが、重い灯油缶からストーブへ給油するのはひと仕事だった。「タンク付き灯油ポンプ」はホースの先にノズルを付け、タンクとも直結しているので滴《しずく》も落ちない、楽に給油できるということで爆発的に売れた。これは大阪の新製品コンクールでも大阪商工会議所会頭賞に入賞し、独占的に製作・販売できる実用新案を取得した。

続けて一九七九年、現在の「ノズルファイブ」の原型となる散水ノズルを開発。一つのノズルで直進、シャワー、ジョロ、霧、ストップの五目的に使える画期的な商品だった。以前はジョロ型の散水器とノズルは別々だったが、それを一つにするアイデアで成功した。水道の圧力を利用したもので、このノズルも特許を取得した。

「発明のきっかけは社員の声。水を撒くときは水が強く吹き出る方がいいが、バケツに水を汲んだり車を洗うときには、水が飛び散るので水の出を弱くしたい。しかし、いちいちホースからノズルを取り外して取り替えるのは面倒だと。そこで単純に、一つのノズルで水の出を切り替えられるようにしようと考えました」。

この散水ノズルは大ヒットし、今では年間一九〇万個生産する、園芸用・家庭用には欠かせない日用品となっている。その後もホースリール、簡易シャワーの他、冒頭に述べたような製品を次々に開発。どれも暮らしに密着し、快適さと便利さを具現化した家庭用品だ。

散水ノズルなどは天候の影響を受けやすく、雨の多い年は売上は横ばいとなるが、一九七九年以降、二〇年以上もほぼ増収増益を続けている。プラスチックにこだわり、今ではアイデアから企画開発、設計、金型製作、成形、組立まで一貫体制を確立した。

この基礎は、創業期の金型製作技術にある。金型部門は「高城精機製作所」として存続し、現在もNTT、トヨタ、松下電器などのレベルの高い金型を製作。この技術力が自社製品の開発にも大いに反映した。

## 五三歳で大学に入学。

高城は一九九一年、五三歳の時に立教大学法学部へ入学した。二〇歳頃に抱いた〝会社をつくって一段落したら三〇歳くらいで大学へ行こう〟という夢を実現するためだ。経営は順調で、今さら大学で学ぶものはないのではという声に「経営者は絶えず学ばなければならない。学ばなければ若い人がついてこないし、人材も育たない。そんな会社は繁栄しないという思いが強かった」という。

結局四年間ほとんど大学は休まず、社業は電話とＦＡＸのリモート経営で乗り切った。それでも四年で会社の売上は二倍になり、新聞には九州の元気な会社ベスト３に選ばれるなど、地元ではかなりの話題になった。

その間の話は一九九七年末に『五三歳にして夢は実現する』（経済界）として出版され、ビジネス書のベストセラーにもなっている。

## 百見は一触にしかず。

水まわり関連で強い商品を持つとはいえ、社長不在で売上倍増とは残った社員を誉《ほ》めねばなるまい。

経営者の最大の仕事は人材育成といわれるが、どのように社員教育をしているのか。

「一人前になるためには、もともとの素質、それから指導者がいいことと、努力すること。だから素質のある社員には言ってるんです。やりたかったら何でもやれと。

私は指導者として自信がある。倒産も経験したし、発明も数々やってきたし、若い頃は鑑別所にも入れられたこともある(笑)。高校時代は精神異常と言われとったし、悪いことばかりやって二度も無期謹慎処分を受けた。大抵のことは経験しているから、何でも教えるし、チャンスも与えますよ。

理系・文系に限らず、うちのような仕事はアイデアや開発力が大事。しかし、今の学校教育は、絵に描いた餅のことばかり教えとる。初体験と同じように、それじゃあ餅肌の良さはわからないと(笑)。社員にも常々〝百聞は一見にしかず。〟しかし、見るだけでは駄目だ。〝百見は一触にしかず。触ってみたらどうか〟と言ってます。他社の工場見学に行ったり、他社の製品に実際に触ったり、行きたいところがあればどんどん行って経験してこいと。

大企業では自分が部品の一つになってしまい、自分が何をやっているかわからないケースがたくさんあるでしょう。

うちは水関連で伸びてきた。流体ですね。空気も流体ですから、例えば空気清浄器なども考えています。それから園芸用の商品として有機肥料も扱ってますから、自然農法の分野もやりたい。生活を豊かにし、一般消費者に喜んでもらえる園芸・家庭用のアイデア商品の開発。それが『タカギ』の使命です」。

母子家庭で貧しかったからこそ、いたずらにも工夫やアイデアが生まれた。その延長に様々な発明をしたが、高校生活は校風が合わずに二度の謹慎処分。転校せざるを得なくなったからこそ、次の高校の自由な校風に出会い、また発明に熱中できた。大学には行けなかったからこそ、同級生に負けたくない気持ちが湧き、職業訓練所で技術を学び、自ら起業した。和議=倒産という経験があってこそ、自社ブランド発明品への道を歩み出した。

逆境はチャンスなのだ。

# 成績最低でバカにされ、恨み骨髄で日本一へ

福岡大学卒→建材会社で経理・営業六年→計量器の営業一カ月→住宅営業二カ月→失業→企業調査会社（東京商工リサーチ）で調査・営業一六年→社内で業績・給与No.1→四四歳で独立

日本トップクラスの経営コンサルタント
**ランチェスター経営（株）**
代表取締役　竹田《たけだ》陽一《よういち》

経営・営業戦略を勉強した人なら、誰もが一度は耳にするランチェスター法則。英国

のランチェスター氏(元自動車会社経営→技術コンサルタント)が第一次世界大戦の研究によって編み出した「競争の法則」だが、日本では統計研究者の故・田岡信夫氏によって広く経済界へ紹介された。

ランチェスター法則は、中小・零細企業=弱者でも「大企業の苦手な業界・分野で営業エリアを絞り込み、かつ、商品・サービスも絞り込む。そして、長時間労働すれば、弱者でも強者=大企業に勝てる」という、日本の九五パーセントを占める中小企業にとってのいわば応援歌。

竹田陽一は、そのランチェスター法則を応用した経営コンサルタントでは日本の第一人者。特に中小企業経営者の間では神様的な存在で、著書も多く『小さな会社☆社長のルール』『独立を考えたら読む本』『社長の力を三倍高める本』『ランチェスター弱者必勝の戦略』『一枚のハガキで売上を伸ばす法』『人生を逆転する最強の法則』など、今まで著した本は約五〇万部以上のロングセラー。これは九州在住の経営コンサルタントでは他に類を見ない実績で、本屋のビジネス書コーナーには必ず竹田氏の本がある。

独立は四四歳の時だったが、サラリーマン時代より講演活動も活発に行い、全国での講演回数は約四千回を越える。

## 成績は下の下。四五〇人中四四〇番の劣等生。

竹田は昭和一三年、福岡県久留米市生まれ。父親は中央大学を卒業して国鉄の駅長というエリートだった。中学時代から物理や機械いじりが好きで、時計やラジオをよく分解していたという。高校時代には秋葉原まで行って部品を買い、自作のラジオを作っていた。

しかし、勉強はできなかった。高校は進学校の明善《めいぜん》高校だったが、当時は無試験同様で中学からの割当入学。成績は四五〇人中四四〇番で完璧な劣等生。何人もの教師からもバカ呼ばわりされていたので、今でも学校嫌い。

就職も考えたが、「サラリーマン社会は学歴で決まる。どこでもいいから大学に行け」と父親から言われ、当時、試験を受けたあと入学金さえ用意すれば誰でも入れた福岡大学経済学部に入学した。

## 父のコネで中小建材会社に入社。

今時の学生と同じく、無目的な学生生活を送った竹田の成績は大学でも下の下。当時の就職はほぼ一〇〇パーセントが大学の就職課からの推薦だったが、成績の悪い竹田には証券会社か自動車ディーラーの営業職しかない。しかし、経済学部でありながら物理や機械の好きな根暗な竹田には、とてもセールスなどは考えられず、父親と同じ公務員＝国鉄を志望した。

しかし、成績の悪い竹田は試験を受けさせてもらえず、しかたなく父親のコネで北九州の建材会社に就職することになる。昭和三六年のことだ。

その会社は、当時従業員約一五〇名で売上は二〇億円位の規模。事務系の大卒社員としては竹田が二人目だった。経理に配属されたが、またも竹田は悩むことになる。当時の計算はソロバンで行うのが当たり前だったが、竹田は全くできなかった。高卒の女の子のほうがはるかにうまく、かつ、竹田は字が下手で数字もよく間違えた。

社会人になっても劣等生なのかと竹田は悩み、ノイローゼ寸前になる。そして、竹田は意を決して社長に申し出て、北九州戸畑《とばた》の経理専門学校へ通う。授業料は、社長がポンと出してくれた。

しかし、経理のイロハは徐々に覚えていったが、竹田はよく凡ミスをやった。手形にハンコを押し忘れる、数字は間違えるなどのミスが相次ぎ、月次決算でも数字が合わないことが多かったが、それは毎回竹田の数字のミスによるものだった。

そして三年後、竹田は当時出始めた新建材＝断熱材の営業に転属する。経理のミスが多かったのもあるが、集金に来たバーへの支払時には「いらっしゃい！」と払ってやるなど、気前の良さでは評判だったからだ。

営業相手は左官建材屋、金物屋、材木屋、瓦屋、ガラス屋などへのルートセールス。新建材の営業では社内・他社も含め、竹田がもっとも若かった。そして、営業にも徐々に慣れ始めた頃、竹田は出張先の島根の本屋である本を手にする。アメリカの元保険屋でコンサルタントのフランク・ベドガーが書いた『私はどうして販売外交に成功したか』。保険セールスの体験を元に、営業の基本やノウハウを書いたものだが、竹田は感動し「これはスゴイ。営業を勉強したら人生は変わるな」と思ったという。

## 東京商工リサーチへ転職。

営業に興味を持ち始めた竹田だが、結局はその建材会社を六年で退職する。二代目とソリが合わなかったからだ。創業者は毎日朝七時半には出社し、バリバリ仕事をやっていたが、二代目である息子は九時半出社。仕事もろくにしないのに威張ってばかりで、竹田は愛想をつかして辞めた。

その後、竹田は東京商工リサーチで頭角を現し始めるが、その前にも数社の経験がある。建材会社を辞めて、まずハカリの販売会社に入る。乾物屋などの商店にハカリを売り込む営業だが、これは一カ月で退職。「商店相手の営業には、〝よう、大将！〟的なノリが必要なのですが、サラリーマン家庭に育った私にはそれができなかった」。

次に殖産住宅の営業も二カ月。しかしこれも駄目で、タクシー会社へも「中古のタクシー車がもらえるらしいぞ」と職安から経理の仕事を紹介されたが、面接前にギブアップ。次に機械の販売会社も受けたが面接でアウト。

「二三歳で結婚して、当時二八歳。すでに子供も二人いました。でも、ことごとく転職に失敗して職も決まらない。あの頃は落ち込んでいて、暗かったですね。面接時にもそれが顔に出ていたんでしょう」。失業保険を貰ってはいたが、徐々に生活費が無くなっていく日々。電気もあと一カ月で止められる。金がない竹田は、駅の売店でいい求人が載っている時だけ新聞を買って就職活動をした。

そんな時に目にしたのが、朝日新聞に載っていた東京商工リサーチ＝TSRの求人。「経理時代にリサーチの人間が出入りしていました。毎回、大したことも聞かずに調査報告書を作る仕事。あれなら俺にだって出来るかも、と思いました」。

仕事は企業の依頼を受けて、相手先企業の調査報告書の作成と調査チケットを売ること。要は調査と営業。営業はベドガーの勉強で多少の自信があったし、調査に必要な決算書・経理の知識はあった。あとは報告書を書く文章力だけ。

当時は調査会社＝興信所＝ヤクザ？　というイメージだったが、金に困っていた竹田には初任給二万五千円＋売上の一五パーセントの歩合給が付くのが魅力だった。竹田は文章力に自信がなく、また履歴書に傷がつくのもはばかられ、「まずは、一カ月アルバイトで使ってください」と入社した。昭和四二年五月一四日、竹田陽一、二八歳の春である。

## 入社五年目で日本一に。

今度はサラリーマンで失敗したくない。そう思った竹田は、まず、TSR社内を観察した。すると、九時始業だが、課長は九時過ぎ、部長は九時半、支店長は一〇時半出社だった。「これなら勝てる」と思った竹田は、毎日朝七時半に出社した。ただ、これは気合いを入れるためだけでなく、竹田は文章が下手だったので、調査報告書を書くのに時間がかかったためでもある。

調査会社の仕事は、調査に行って報告書を作るだけではない。調査の依頼を取る＝調査チケットを売らねばならない。大抵の場合は、調査に行った先で「お宅も取引先を調査することもあるでしょう」とチケットを売るのが普通だった。しかし、中途入社の新人で既存客も少ない竹田は、飛び込みでチケットを売り込み始めた。

同僚や先輩からは「保険屋や広告屋じゃあるまいし、飛び込みでは無理だよ」と笑われたが、金に困っていた竹田は成り振り構わず、しかし、フランク・ベドガーの本をヒントに、福岡のビジネス街の潜在顧客リストを作って戦略的に営業した。

結果、五月にアルバイト入社して九月に正社員になり、一一月には給与は七万円になった。これは今の価値に換算すると約七〇万円。「これはいける、しめたと思いました」。

九州の社内売上№・1の人物にも会いに行き、その秘訣を聞いた。しかし、いろいろ聞いたが結局、その人はヤクザ的な脅しで受注する、当時の調査会社＝興信所によくいるタイプだった。「よし、これなら勝てる。正攻法でまじめにやればイケる、と思いました。三年で抜けると」。

それからは毎週火曜日を新規飛び込み営業の日と決め、三〇件のノルマを自らに課した。名刺が無くなるまでは営業所に帰ってこないと。

当時、企業調査会社で飛び込み営業をやる人間は他にいなかったので、客先は皆、驚いたという。冬の寒い日の夜などは、まだビルに明かりがついているオフィスに飛び込むと、普段は会えない社長や支社長がおり、どこでも歓待してくれたという。

こうして入社三年目の昭和四五年には当時の金額で月給一〇〇万円、入社五年目には調査・営業で社内日本一になった。竹田陽一、三四歳の時だ。

その時には、重い「会社年鑑」の営業では風呂敷に包んで走り回り、苦手だった文章も、朝の二時間で調査報告書が書けるようになった。

また、竹田は当時、より沢山のお客を廻るため、自転車で営業に走り回った。当時は都心を自転車で走り回ること自体が珍しく、しばしばマスコミの取材も受けたという。

## 無料・出前講演を「発明」。

社内一になり、竹田はあることを思いつく。講演活動である。感銘したフランク・ベドガーの本に「四一歳から講演を始め、自分にますます力が着いた。大会社の社長に会ってもまったく物おじしないのだ」とあったのだ。

そして、当時年間一〇万円以上の注文をもらっている顧客企業に、無料で「危ない会社の見分け方」という講演をしようと思い立った。

最初は福岡地場の老舗建材商社の吉田善平商店。当初は幹部数人の予定だったが、行ってみると全社員約八〇人が集まっていた。竹田は真っ青になって舞い上がり、何をしゃべったかもわからなかったという。評判も散々だったが、「ぜひ、もう一度話させてほしい」と頼み込んだ。その二回目も駄目だったらしいが、徐々に度胸がついたという。

二社目は、今や西日本№・1の建材商社になった越智産業での講演。ここではうまくいき、当時の越智社長からも誉められ、「よし、九州中の全営業所を廻って講演してほしい」といわれ、そこまでやってもらうのに無料では困るといわれ、一回当たり三万円をもらい、営業手数料として会社の売上にした。

こうして修行を積み、三年で一〇〇回の講演をやった。そのうちに西日本新聞に取材され、次に九州生産性本部でやった講演がNHKで報道されて問い合わせが殺到。会社では単なるサラリーマンだったが「竹田先生をお願いします！」という電話もじゃんじゃんかかり、「上司はムカーっとしていましたね」。

しかし、企業調査で競合になっても「じゃあ、無料で講演しましょう」というと無競争で大口の仕事も取れ、三菱商事からも一〇回呼ばれたほど。完全な「出る杭《くい》」だったが、稼ぐ竹田には上司は何も云えなかった。

## ランチェスター・田岡氏との出逢い。

以上のように精力的に仕事に没頭する合間を見て、竹田は外部の様々な講演・セミナーにも顔を出した。講演内容の勉強はもちろん、講演の仕方を学ぶためでもある。

そして三五歳の六月、竹田は当時ランチェスター法則で売り出し中の田岡信夫氏の講演を聞いた。そしてその時に、身体中に電流が走ったような衝撃を受けたという。「ランチェスターの第一法則は攻撃力＝兵力数×武器性能。第二法則は、攻撃力＝兵力数の二乗×武器性能。これは私の好きなニュートンや電気の公式と同じではないか。そうか、関係ないと思っていたが、ビジネスと物理はあい通じるものがあるんだ!」

前述のように、ランチェスター法則は英国の技術コンサルタントだったフレデリック・ランチェスターが編み出した「競争の法則」だが、当時、日本での第一人者は統計研究者の田岡信夫氏。ランチェスター法則をビジネスの分野に分かりやすく導入し、ビジネス戦争にいかに勝つかという講演をやっていた。「〝田岡先生のようになりたい! 私の天職はこのランチェスター法則を極めることだ〟と思いましたね」。それからは、田岡氏がセミナーで九州に来る度にお客を集め、カバン持ちとして夜は中洲のネオン街でランチェスター論議に明け暮れた。

## 本の出版でクビになりかけ、独立を決意。

自転車飛び込み営業+フランク・ベドガー+ランチェスター法則で勢いに乗った竹田は、益々実力を発揮。三八歳の時にはサラリーマンでありながら高額所得者になり、当時のTSR社長の給与も抜いてしまった。また、NHKでの報道の反響もあって、依頼が殺到して講演回数も二〇〇回を越えた。そして、企業調査本の草分けとなる『危ない会社の見分け方』も出版した。

しかし、サラリーマン社会の常で「出る杭は打たれる」。あまりに目立ち過ぎた竹田はクビを宣告されそうになり、初めて独立を考えることになる。

「祖父の代からサラリーマンで、独立を考えたこともなかった。いざとなると恐くて悩み、自分はなんで独立できないのか、と思いつくことを書き出して考えました。

そして、不安原因の七割は経済的なものだとわかり、いろいろリスク計算をして手元に二五〇〇万円あれば大丈夫と。今では偉そうなことを云ってますが、実は臆病《おくびょう》な性格なんですよ」。

それからはさらに実力をつけ、五年後の四三歳で独立しようと計画を立てた。また、貯金目標二五〇〇万円のために金は使わないと決めた。移動は自転車で、服も靴も時計も買わない。一部の余裕資金は某金融会社に貸し付け、年間四五〇万円の利息を稼いだりもした。他に土地の購入でも才覚を発揮し、独立前の資産は六千万円になった。

## 遅咲きの四五歳で独立。中小企業から絶大な支持。

独立は計画より二年遅れの四四歳の時。薬院のマンションで妻とスタートし、初年度に三〇三回、二年目に三〇一回、そして翌年は二九五回と、わずか三年で約千回の講演・セミナーを開催。自らランチェスター法則に基づいて講演戦略を立て、(1)ランチェスター弱者必勝の販売戦略、(2)危ない会社の見分け方、(3)人生を逆転する最強の法則／バカでも成功する長時間戦略、などのテーマを確立。

特に中小企業経営者からの支持は絶大で、「中小・弱者必勝のコンサルなら竹田陽一」の評価を築いた。しかし、その裏には地道な勉強があった。

「日祭日も、自宅でドラッカー(米の経営学者)の本をテープに吹き込んだものを一〇〇回は聞きました。また、百科辞典も二セット買い込み、不明な点は勉強しましたね。努力すれば、四〇歳からでも知的水準がどんどんアップするのを実感しました」。

全国の人が集まる東京のパーティにも出かけ、名刺交換した商工会議所等へハガキで講演を売り込んだ。その経験が後に『一枚のハガキで売上を伸ばす法』として出版され、ビジネス書で二〇万部という大ベストセラーになる。

## 経営オリジナルテープでも日本一に。

年収は独立五年目には五千万円を突破し、経済的には何の不安もなかった。しかし竹田は、徐々に講演やコンサル活動に疑問を抱き始める。こちらが精根込めて講演・指導しても、一〇〇人のうち実行するのは一人か二人。講演に行けば短時間で金は稼げるが、何か虚《むな》しい。

私がいろんな人のテープを何十回と聴いて役立ったように、自分のノウハウをテープにしよう。テープなら何度も聞けるし、お客さんにとっても結果として安くつく。しかし、テープ制作の間は講演やコンサルはできなくなり、収入は激減する。

「結局、一年半悩みましたが、妻と一緒に富士山ツアーに参加。頂上でインスタントラーメンを食べ、〝よし、来年の元旦からやろう！〟と決意しました」。

その時の竹田は五三歳。それから、講演に行かない、中洲も行かない、同窓会も出ない、金も使わない、の〝四ない運動〟を実践。結果、第一弾の経営ビジネステープ集「ランチェスター中小企業の経営戦略」を五年がかりで完成させた。

その後も「スモールビジネスサクセスプログラム」や「逆転の人生戦略」「ベンチャーの経営戦略」などを完成。近年はビデオ版も次々に発行。経営のオリジナルテープは一〇〇巻を越え、この分野でも日本一になった。

「頭は普通でも、狭い分野で二五〇〇時間勉強すれば九州一になれます。そして、二万時間位やれば、その分野では日本一になれる。バカはあれこれ手を出すのではなく、得意な商品・サービスを一点に絞って長時間労働すれば、必ず芽が出ます。

あとは小成功しても生活態度を変えないこと。今まで約二千社の倒産取材・コンサル経験でわかったのは、ちょっと金が入ってくると、すぐに車や酒やバクチに溺れる経営者のなんと多いことか。

大胆さと臆病さ、この二つが人生には大事です」。

竹田の作成した「中小企業の成功戦略・一三条」には後から付け足した項目がある。

「番外：弱者は調子に乗るな。小さな成功で生活内容を変えるな」。

# 第三章

# バカは就職失敗で学ぶ

まえがきにも書きましたが、バブル崩壊後、長期の就職氷河期が続いています。また、新卒で入社しても、その三割から五割は三年後には退社しています。そもそも、何も社会のことを知らない学生が、在学中に自分の一生を決める仕事を見つけたり、自分のやりたいことを見つけるのは難しくて当たり前です。最近では、企業の実態を経験するインターンシップ等を導入する大学も増えていますが、多くて二、三の会社でアルバイト程度の仕事では、適性などわかるはずがありません。

私も最初の就職活動でリクルートブック等を読みあさりましたが、仕事の適性などは全くわかりませんでした。というより、仕事内容などには問題意識のかけらもなく、とりあえずは大企業、有名企業に就職するのが人生の成功だと思っていました。最初の就職活動で廻ったのはNEC、松下電器貿易、日興証券、大和証券、内田洋行、大沢商会、兼松。

このうち内定は日興証券と大和証券しか貰えなかったので、とりあえず日興証券にでもするかと思っていました。そんな時に、ヤマハ発動機から二次募集のDMが。駄目元で応募するとなぜか受かり、結局、名刺交換した時の格好良さを考えてヤマハ発動機への入社を決めました。仕事内容や適性などは全く考えず、ブランドで決めたのです。

バイク屋さん廻りのルートセールスだったんですが、「俺は有名大学出身で天下のヤマハの人間だ。中卒や高卒のバイク屋の親父に頭なんか下げられるか」というバカなプライド人間。全てのバイク屋さんから総スカンを喰らい、入社した年末には社宅に閉じこもってノイローゼ退社しました。その時は、これで人生は終わったと本気で思いましたね。

でも、今をときめく人達も、就職失敗した人は山ほどいます。湯葉豆腐料理チェーン店「梅の花」の梅野社長は、商業高校卒業後の日産ディーラーで「修理の仕事が合わずに」三カ月で退社。その後の温泉旅館見習いも半年で逃げ出しています。環境衛生サービスで日本一の「サニックス」宗政《むねまさ》社長も、高校卒業して二三歳迄は転職や放浪を繰り返し、何をやったらいいか全くわからなかったそうです。

西日本一のパソコン販売チェーン「アプライド」の岡社長は大学卒業後、電子基盤メーカー入社一カ月で盲腸になって入院。ヤル気を失って退社し、秋葉原のわずか四畳半の電子部品商社に転職しました。そこも三カ月しかいませんでしたが、社長と二人の環境で商売の仕方を学び、その後福岡で小さな部品屋を開業したのがアプライドの始まりです。

「ダスキン」の独立代理店で常に九州ベスト3の伊藤さんは、福岡大学の学生時代より将来の独立を計画。商売を覚えるには大手の歯車より中小企業だと、あえて小さな薬メーカーに就職して社内No・1のセールスマンになりました。その後、赤ちゃん用品のコンビで新規事業の立ち上げや零細婦人服店勤務を経て、独立を果たしています。

「ユニクロ」柳井《やない》社長は、早稲田大学を卒業して量販店のジャスコに入社しますが、「全く面白くなくて」一年で退社。他にやりたいこともなく、実家の洋服店を引き継ぎます。

「帝国データバンク」福岡支店で企業取材や講演で活躍する江口さんは、早稲田大学から日本経済新聞社記者という絵に描いたようなエリートでしたが、スクープ取材の扱いを巡って上司と対立。退社せざるを得なくなり、その後一年間は失業者を経験しました。

「福岡大学」で異色のベンチャー企業論を主催し、学内改革を推進している阿比留《あびる》教授も、最初の就職先である証券会社は「営業が全くできずに」一年で退職。民間企業での自分の力を見限り、大学院を経て学問の道へ進みました。今は偉そうに学生へ進路指導している大学教授も、昔はみんな迷っていたのです。そして失敗しているのです。

社会に出て最初の就職で失敗すると、大きな挫折感があります。有名大学→大企業の人ほど、深刻に考えてしまいます。しかし、二〇代で自分の天命を知るような人は殆どいません。阿比留教授のように、失敗は早めに自分の適性を知るチャンスでもあるのです。

# すべてを失って手に入れた「平成ラーメン王」の座

役者に挫折→スーパー→事件で退職→六坪のレストラン・バーを開業→ラーメン店修行を経て

日本を代表するラーメンチェーン
**博多一風堂《いっぷうどう》・(株)力の源カンパニー**
代表取締役　河原成美《かわはらしげみ》

全国各地への出店が続くラーメンの「博多一風堂」といえば、地元博多は元より、全国的に名を馳せた人気店だ。ラーメンは日本の国民食といわれて久しいが、「一風堂」はあらゆる人気ランキングで、常に上位に入っている。

開業は一九八五年と新しいが、一九九四年には「新横浜ラーメン博物館」出店、一九九七年からはテレビ東京の番組「TVチャンピオン」で三年連続ラーメン職人チャンピオンに選ばれ、「一風堂」は全国区のブランドになっていった。

コクと深みのある「赤丸新味《あかまるしんあじ》」やサッパリした豚骨味の「白丸元味《しろまるもとあじ》」は、スープ・麺・基ダシまで、すべてをミネラルウオーターで作る。

また、店内にはジャズが流れ、「人材育成の難しい飲食・ラーメン業界ではピカ一」（経営コンサルタント・竹田氏）といわれる接客サービス・清潔感も、多くの女性から支持されている。

「一風堂」は現在、福岡・横浜・東京・大阪・北海道などに計二五店。他に福岡で中華や居酒屋も出店している。

また、本業の経験を活かし、飲食に参入する企業向けのコンサルティングも実施。口だけのコンサルでなく、実践型の指導が評判を呼んで、年間約一〇社と取引している。

会社の業績は年々上がっている。ラーメン事業＋その他外食事業＋コンサル事業を合わせた売上は、二〇〇三年度で約五〇億円。特に「一風堂」はこの数年、全国各地への出店が続いている。

さらに二〇〇四年には、河原自身が家族を連れて上海に移住。ゼロからラーメンチェーンを立ち上げ、中国本土での株式上場も計画している。

## マンガ家・役者を目指した学生時代。

河原は昭和二七年一二月、福岡県の城島町で四人兄弟の末っ子として生まれた。一〇歳まで、この田舎町で暮らし、自然と戯れながら『ロビンソンクルーソー』や『十五少年漂流記』などを読みふけり、ソーセージにマヨネーズをかけた非常食を持って冒険に行くような少年だったという。

「ツクシや夕焼け、首筋に感じる風、筑後川での川遊び、有明海に沈む夕陽……。僕の、心の原風景は、すべてがこの頃に培われたものです」。

四人兄弟だったため、家庭での生存競争も激烈。そのため、小さい頃から、母の料理の手伝いをしては自分の分を多くしたりしていたという。

また、小学校時代から、友人や兄達のため、インスタントラーメンや月見うどんを作ったりするのが大好きだった。「兄達が〝うまいよ！ 成美〟と言ってくれるのがうれしくてね。その後、まさか飲食の道へ進むとは思わなかったけど、飲食の仕事の原点は、まさにこの頃の体験かもしれません」。

中学時代から漫画家を目指し、高校ではデザインを専攻。父が高校の美術の教師だったこともあり、家には絵の具やキャンパスがあった。そして家の童話や美術書を読むうちに、自分で物語を考え、絵を描き着色もした。石ノ森章太郎の「マンガ家入門」を見ながら、カラス口や定規を使って描く熱の入れようだった。

勉強はほとんどせず、大学時代は、役者を目指してアルバイトに明け暮れていた。当時は武田鉄也やチューリップ・井上陽水など、福岡出身の役者や歌手が東京で大活躍していた時代。また、アングラ劇団の第一次全盛期を迎え、河原も美大に入るため予備校に通おうと上京して二年間、「前進座」という劇団に所属していた。

しかし、そう簡単に役者で食えるはずもなく、大学卒業後は、当時日の出の勢いで伸びていた地場スーパーの「渕上ユニード」（のちにダイエーに吸収合併）に入社。西新店で衣類や雑貨の販売を担当した。

## 「心底、自分自身を見つめ直した」。

が、しかし、社会人になったものの、相変わらず河原には人生の目標が見えてこない。

「高校、大学入学は親父のコネ。就職も兄の口利き。なんと自我のない自分か。それに比べ、長男はパイロット、小説家を夢見る二男は新聞社に入社し、三男は大学院で彫刻家を目指していた。でも、自分はマンガ家にも、役者にもなれない。他に自分のやりたいことがわからず、何もできない。人の引いたレールの上ばかり、よく考えることもなく進んできた。

それに反発するように、社会人になってからも反社会的なことばかりをやった。そうすることで、自分の存在を確かめようとしていた」。

そして、河原はそれからの人生を大きく変えることになった「事件」を起こす。以前から付き合いのあった仲間と共謀し、店の商品を横流ししたのだ。事件は発覚し、公の場に曝《さら》されることになった。その時、河原は二五歳。

結婚を一カ月後に控えていたが、こんなことがあってはできようはずもない。そして、四〇日間の拘置所暮らしを送った。

「その時の経験で、僕は目が覚めましたね。拘置所に入ってくる人は、窃盗、放火、発砲事件のヤクザ、それに七〇歳くらいで放火をしたジイさんが何度も入ってきたりした。コイツらは何なんだと思ったけど、僕も一緒の立場なんですね(笑)。

何でこんなことになったんだろうと。幸い、考える時間はいっぱいありました。

それまで〝俺はこれでも、芝居をやるんだ。絵も描けるんだぜ〟とか、〝デキの悪い学生、ふつうのサラリーマンだけど、本当の自分は違うんだぜ〟と、その場その場で自分をごまかしていた。虚勢を張っていたけど、何や、俺ってやっぱりちっぽけな存在なんだと。自分もわかったし、周りにも知れた。おかげですっきりしました。

裁判の時には、親にも友人にも、いろいろ心配をかけた。父は当時、名門・修猷館高校の美術の教師をやっていたんですが、一番効いたのは裁判での父の話。

〝私は高校の教師として、今まで何百人もの生徒を教えてきた、と思っていた。今回の件では、確かに息子は悪いことをした。しかし、それは、私が自分のわずか四人の子供の教育もできなかったということ。すべては私の責任です〟と。父は、責任をとって辞職しました。定年よりもはるかに早く。父の声は胸の芯まで響きました。

父にまでこんなに辛い思いをさせ、人生を狂わせてしまった。本当に、深く深く反省しました。それと同時に、縛られていた自分から解放されました」。

それから、河原は改めて人生を考えた。これから何をしようかと。当然、執行猶予中は海外に行くこともできない。

いろいろ考えたが、「脚光をあびる花形役者にならずとも、裏方でもかまわないから、もう一度芝居をしよう」と。河原は飲食のアルバイトをしながら、芝居の練習に打ち込んだ。

## 二六歳。パブオーナーとして独立。

そんな一九七九年、二六歳のある日、兄から〝友人がやっていた店が空いてる〟と聞いて、河原が始めたのが、今や伝説となったレストラン・バー「アフター・ザ・レイン」(現在も福岡市中央区今泉で営業中）だ。

「随分悩みました。芝居は好きだけど、店もやってみたい。これ以上流されるのは嫌だ。でも、これでいいのかと。初めて進路についてこんなに真剣に考えました。三週間くらい考えましたね。そして、よし、僕は店をやっていこうと。飲食は学生時代から好きだったし、飲み屋のマスターになろうと決めました」。

博多駅裏でわずか六坪の店だったが、店をやるからには、もう芝居の話はしない、店も休まないと決めた。これは、当時心酔していた松下幸之助の〝商売の原則は休まないこと〟を教訓にした。また、ある人から〝夢を持ち、期限を決めて努力すれば、人生は成功する〟と聴き、「三〇歳になったら福岡の中心・天神へ移転、三三歳になったらもう一軒店を出す、三五歳までに一生の仕事に出会う」と、明確に人生の目標設定をした。

## 一九八五年、三二歳でラーメンの世界へ。

店を始めて丸一、二年は一日も休まず、商売を絶対に成功させてやるという意気込みに燃えた。毎日三人のお客さんの顔と名前を覚えれば、年間千人を覚えることができると考え、得意客は誕生日も丸暗記して祝ったりした。ここまでやって感動しない客はいない。

当然の如く「アフター・ザ・レイン」は繁盛した。いろいろあったが、友人や知人は山ほどいたし、芝居への情熱を店に転じ、「よし、この仕事で演じよう」と河原はがむしゃらに働いた。ストーリーを考え、それに合うスタッフを集めて舞台を創っていく。店の客は観客。どう喜んでもらうかを一所懸命に考えた。

客と競争してウオッカをガブ飲みしたり、店の床をクロールで泳ぐ真似をしてみたり、毎夜のワンマンステージ。調子に乗ると「今日は僕のおごり。好きな酒を飲んでいいよ!」と全員に無料サービス。

そして朝、床に寝ころんだまま、ドアの隙間風で目が覚めるような生活を丸三年以上過ごした。その頃には年収も一千万円を突破。しかし、〝俺の夢〟と書いたお菓子の木箱の金庫には、日銭が入っては消え、の繰り返しだった。

当時からラーメンは大好きで、店の営業の前後に博多駅そばの「住吉亭」や薬院の「八ッちゃんラーメン」等、毎日二回はラーメンを食べに行ったという。この経験が、のちに河原を一風堂出店へ駆り立てることになる。

「昔も今も、〝うまいラーメン屋は汚い、サービスが悪い〟という定説があるでしょう。それを覆すようなものを作りたかった。女の子が一人でも気軽に入れる、カッコいいラーメン屋。

『アフター・ザ・レイン』は小さな店だったけど、飲み屋のマスターというだけで女性にはモテ

た。でも、いつまでも酔いどれ天使では体が続かない。飲食の道に入ったけど、三〇を過ぎてからは〝職人〟のようなものに憧れましたね。ガンコ一徹、当時のラーメン屋の親父はカッコ良く見えた。よし、俺はもっとカッコイイ、ラーメン屋の親父になろう。三三歳までに二店舗目を出すという、当初の目標を果たそうと思いました」。

それからの河原の行動がすごい。全国のラーメン店を約一〇〇軒食べ歩き、当時長浜にあった「長浜一番」というラーメン店で働いた。給与をもらうのではなく、一〇〇万円の授業料を払っての修行だ。「よくある下働きで味を盗むのではなく、麺から釜の底まで、正々堂々と勉強したいと思いました。時間も無駄に過ごしたくなかったしね」。

昼はラーメン屋修行、空いた時間や休みにはラーメンの食べ歩き、時々は「アフター・ザ・レイン」にも顔を出す生活を丸一年過ごし、一九八五年、河原三二歳の時、福岡大名に約一〇坪の、最初の「一風堂」を開店する。

## 人生に無駄はない。

開業当初は苦戦したが、徐々にマスコミにも取り上げられて店は繁盛した。一〇〇軒の食べ歩き修行から創作した味に加え、一枚板で作ったテーブルと木の椅子にジャズが流れる清潔な店内。

ラーメン屋には珍しい〝いらっしゃいませ〟〝ありがとうございます〟が行き届いた従業員、丁寧な接客サービスも評判になった。

また、最初の頃は一杯一杯味見をしながら、残した客には「どこがまずかったんですか?」と、後を追いかけて〝顧客アンケート〟をとった。

「資金繰りで苦しんだ三年間」はあったものの、一九九四年には「新横浜ラーメン博物館」への出店。その後は塩原本舗(現・大橋店)、太宰府インター店を開店し、一九九七年以降は東京・大阪へと出店を続けた。

「いろんなことがあり、店もお客さんも仲間も増えて、今がある。半チクな人間だったけど、飲食業が僕を育ててくれた。

飲食業はいい。人と人が面と向かって接するっちゃけん、こんなに可能性に満ちた仕事はない。飲食に関わる若い人たちに、頑張ろうぜ、お前にもやれるよ、と伝えていきたい」。

子供の頃は漫画家にあこがれ、青年時代は役者への夢を断念、留置経験までした河原。しかし、その結果、飲食の道に進み今がある。漫画は店の表現力・プロデュース力になり、役者経験はまさに店舗での接客・サービス力になった。

役者にはならなかったが、今や「博多一風堂」という温かみのある舞台(ラーメン店)を率いる経営者として上り詰めた河原。人生に無駄はないのだ。

# 「船乗りの夢やぶれ、自暴自棄の日々でした」

就職失敗→海外放浪→コーヒー会社のルートセールス→新聞配達・塾講師を経て税理士へ

福岡有数の税理士事務所
**緒方会計事務所／(有)マネジメント**
代表取締役・税理士　緒方芳伸《おがたよしのぶ》

不況で資格を目指す人は多い。しかし、資格を取っても食うことは難しい。税理士も例外ではない。ほとんどの税理士は自分一人か二、三人程度で、顧問先も五〇社に満たないのが大半だ。

そんな中、「緒方会計事務所」は所員一〇名を有し、顧問先も約二〇〇社。しかも、二代目や顧問先を分けて貰う税理士が多い中、緒方氏はゼロから業容を拡大してきた。

近年は、会計業務以外のコンサル活動も活発。一九九九年には『実践経営計画』という本も出版し、中小企業を対象とした経営計画セミナー・指導も多数手がける。二〇〇二年からは、社員のヤル気を出す新しい成果主義賃金制度「ブレスト」を九州で初めて公開。

単なる税理士の枠を超え、人事・賃金コンサルタントとして、各種セミナーや研修を行っている。

## 就職に失敗。夢やぶれて海外放浪へ。

緒方は昭和二六年、山口でサラリーマンの家に生まれる。小さい頃から下関の港で船を見て育ち、船乗りに憧れて東京水産大学に入学。しかし、当時は学園紛争真っ盛りで、緒方はガソリンスタンドの住み込み店員としてバイトに明け暮れる。

就職は当然のごとく大手海運会社に内定し、船乗りの夢が叶ったと思った。ところが、昭和四八年のオイルショックで海運業界が業績悪化。内定は突然、取り消しになった。

しかし、オイルショックで就職が厳しいとはいえ、国立大学の学歴。他の業界や会社を回ったり、就職浪人するという手段もあったはず。しかし、緒方は突然、海外放浪の旅に出る。

「子供の頃からの夢が破れ、自暴自棄にもなった。そして、親や同級生からバカだと言われた」が、片道切符でロンドンへ渡る。留学や英語の勉強という目的もない。現地で掃除夫やベッドメイキング、皿洗い等をやりながら、六五カ国を放浪。好き勝手なことをやりながら、二年後に帰国する。

大学時代は羅針盤や気象レーダーを研究し、まだ船の業界に未練はあった。しかし、卒業後、二年も海外放浪していた男には、世間は冷たい。就職の相談に行った大学も相談に乗ってくれず、大企業への就職は完全に門前払い。

途方に暮れた緒方は職安へ毎日通い、何も考えずに、たまたま採用された珈琲豆の中小メーカーに入社。町の喫茶店やスーパー・問屋を廻るルートセールスや、三菱商事との提携で販路を構築するマーケティングをやった。

## 税理士を目指し、新聞配達や塾講師も。

しかし突然、二八歳の時に退社。緒方は山口の実家にUターンする。「なぜだかよくわかりませんが、親孝行をしたいと思ったんです。今まで好き勝手に生きてきた。父が勤めを辞めると聞いた事もきっかけかも。とにかく、親元に帰ろうと思いました」。

しかし、生まれ育った町は人口五千人の小さな町。就職活動しようにも、求人自体がない。そんな時、何気なく入った本屋で税理士の本を手にする。税理士という資格も知らなかったが、『私はこうして税理士になった』という体験談が書かれた本に触発され、資格取得を決意する。

そして、その本の体験談の主である広島在住の税理士を、アポイントも取らずに職場へ飛び込み訪問。税理士を目指し、広島で独学を開始した。最初の一年は失業保険を貰うが、次の年は新聞店で配達・集金・拡販を経験。その後三年間、塾の先生をやりながら勉学し、昭和五九年税理士試験に合格する。

しかし、独立開業するには二年以上の複式簿記実務経験がいる。働かせて貰おうと山口の長門・下関・宇部の税理士事務所を訪ねるが、どこも「給料は出せない」「競争相手が増えると困る」と門前払い。たまたま、福岡の税理士事務所で「月給一〇万円」の職を見つけ、二年間の四畳半生活を送る。その後一年間、佐賀のコンサルタントと会計事務所を共同経営した後、昭和六一年に緒方会計事務所を設立。晴れて独立開業を果たした。

## 顧問先ゼロから二〇〇社へ。

税理士が開業する場合、通常は以前勤めていた会計事務所から顧問先を分けて貰うのだが、緒方は自分の実力を試すために、顧問先ゼロからのスタートを切った。それどころか、以前の共同経営で過分な経費等を負担し、所持金もほぼゼロ。

仕事には自信があったが、税理士という仕事は自分で飛び込み営業するわけにもいかず、広告や宣伝活動も業界内で規制がある。

知人を通じ、やっと開業半年で顧問先第一号ができたが、月々の顧問料はわずか数万円。またも、昼は専門学校、夜は塾講師のアルバイトという二重生活を一年間続けたが、顧問先は徐々に増えていった。そのほとんどは既存顧問先の紹介。

「少ない顧問先に対し、必死で何でもやりました。通常の税理士は月に一回のところを、私は多い時は毎週、毎日訪問。単なる会計処理だけでなく、顧問先の経営課題を一緒になって解決しようとしました」。

結果として、「緒方は、他の税理士の何倍も働く」という評判を生み、顧問先は自然に広がった。ゼロからスタートし、一五年で顧問先は二〇〇社に拡大した。平成九年には経営コンサルタント会社も設立し、平成一一年には『実践経営計画』という本も出版。単なる資金繰りや会計指導に留まらず、経営計画セミナーや研修コンサルも実施するようになる。

## 新しい人事・賃金制度を提案。

平成一四年からは、福岡では初めてとなる新しい人事・賃金制度の「ブレスト賃金システム」を提唱。従来の賃金制度や成果主義とは違い、社長の考えを組み込んだ仕事給のセミナーは、毎回大きな反響を呼んでいる。

「実は所員が多くなり、自社の人事・組織作りに悩んでいたんです。人様に経営指導を行う立場でありながら、自分の組織をコントロールできないでは済まされない。

恥ずかしい話ですが、平成一三年に、所員の給与一覧が所内中に漏れてしまうという事件があった。まあ、それ自体は自分の管理ミスだったんですが、その後で私にとって衝撃的なことがあった。ある優秀な所員が、自分と他の所員の給与を示し、〝なぜ自分はあの人よりも給与が低いのか〟と詰め寄ってきたんです。私としては日々所員と接しているから、各人の仕事ぶりは頭の中ではわかっていた。ウチの給与実態は間違っていないと。

しかし、それは私の頭の中での勝手な判断であり、客観的な人事・評価制度はなかった。

結局、私は彼に給与の根拠を説明できず、優秀な所員を失ってしまったんです」。

それから緒方は、様々な賃金セミナーへ参加したり、人事や賃金の本を山ほど読んだ。しかし、どれも大企業向けの内容だったり、難しい理論や数字ばかりで、税理士の緒方もサッパリ理解できない。

また、顧問先の中小企業にヒヤリングしても、人事・賃金制度を構築している会社は三割もなく、さらにその中で満足する運用をしている会社は一割もない。

「そんな時に、東京の鎌本先生という人事コンサルタントの本に出逢いました。賃金制度の改革で社員の意識を変え、結果として経営全体の改善を行うもの。

まさに我が意を得たりと、本を読んだ後に東京まで押し掛けて弟子入り。鎌本先生の研修を約一年間受け、免許皆伝《かいでん》を受けました」。

鎌本氏は神戸大学を卒業後、日本オリベッティで営業課長、会計支援のTKC常務営業本部長を歴任。平成七年にエスケイ・コンサルティングを設立し、中小企業数百社を対象に人事・賃金コンサルティングを行っている大物。二〇〇〇年に発表した新しい成果主義賃金制度「ブレスト」は、この手のものでは珍しく特許も出願している。

緒方は東京の鎌本氏の元へ毎月のごとく通い、全国でも数少ない「ブレスト」の人事賃金コンサルタントとして認定された。

早速、まずは試しと自社に導入したところ、劇的な効果があった。何度言っても遅刻気味の所員が、翌日からは定刻の三分前には来るようになったり、所員の仕事ぶりが格段に上がったのだ。

## 営業経験の差で「先生を超えた先生」に。

しかし、普通は本を読んで感動したぐらいで、著者にコンタクトを取る人は少ない。感想や問い合わせの電話くらいはするだろうが、わざわざ福岡から東京にまで会いに行く行動力が、緒方の凄いところだ。

前述のように、最初に税理士を目指した時も、読んだ本に紹介されていた税理士に、山口から広島まで会いに行っている。それも、人脈も紹介もなく、アポイントも取らずにだ。

この一連の行動は、いわば営業活動と同じ。見知らぬ人や会社に、電話や飛び込み訪問をする新規開拓活動だ。住宅や証券、事務機器等の販売会社では当たり前の新規開拓だが、実は税理士等の「先生」は、こういう営業が苦手な人が多い。

一般に税理士になる人は、大学を出てコツコツと勉強をし、税理士事務所等で見習いをして、お客を分けて貰って開業。または、民間企業で経理をやっていたとか、税務署出身者などが多い。

つまり、営業経験がないガリ勉型か、営業が嫌で「先生」になった人がほとんどなのだ。営業活動は会社の中で最も大事な業務だが、特に新規開拓は難しい。追い返されたり、断られるのは当たり前。「先生」のようなプライドがある人は、自分からの訪問はもとより、電話でさえなかなかできない。

その点、緒方は学生時代からガソリンスタンドで働き、海外放浪時代は見知らぬ国を新規開拓。その後も珈琲会社で営業をやり、食えない時代は新聞配達や集金・拡販の営業をやった。

いずれも学歴エリートにとっては屈辱的なことも多い仕事だが、この泥臭い営業経験が税理士開業後に活き、「先生」になっても平気でアチコチ飛び込めるのだ。

## 「バカにされて良かった」。

税理士の業界も過当競争で今や飽和状態。記帳代行業者やパソコンの安い会計ソフトで自前処理をする企業も増えている。

また、単なる税務や会計の指導・アドバイスでは、顧問先＝中小企業の経営改善はできない。緒方は従来の経営計画作成指導に加え、人事・賃金制度の改革で新たな境地を切り開くつもりだ。

「二四歳まで好きなことをやり、結果として国立大学→大企業への門は閉ざされました。その後も畑違いの中小企業へ行き、大手・エリートコースを歩んだ知人からはバカにされた。本当に悔しかったですね。

税理士になるまでの新聞配達・バイト時代も惨《みじ》めで、修業時代や開業後も数年間は大変でした。でも、今や大企業の不倒神話も崩壊。大手海運会社に入った同級生も皆、倒産やリストラでほとんど残っていません。ハッキリ言って、ザマア見ろという気持ちです(笑)。

税理士として中小企業や商店、飲食業さんとつき合ってきましたが、今後は経営計画や人事・賃金制度の指導など、総合的なコンサルタントを目指します。そして、多くの成長企業を育てたい。中小企業の社長さんは私と同じく、道を外れて苦労された人が多いですからね。一緒になって、大企業やエリート連中に仕返しをしますよ(笑)。

でも、私は早くに落ちこぼれ、結果として今がある。人生、何が幸いするかわかりませんね」。

# 第四章

# バカは転職失敗で学ぶ

この二〇年で求人情報誌や人材バンクが数多く生まれ、最近ではインターネットでも転職サイトが花盛りです。新聞に比べると求人誌等は情報量が多く、一見、適職を探すには都合が良いように思えます。ところが実際は、この転職でも失敗する人が後を絶ちません。

私はリクルート社で求人広告の営業をやり、転職も五回経験。脱サラした今もたまに求人広告の原稿を書きます。だからわかるのですが、表向きの求人情報と実態では大きな差があります。情報誌と言っても中身は全部広告ですから、企業のマイナス情報は載せません。人材バンクや転職サイトの情報も同じです。まあ、「ウチは仕事が楽で残業もなく、給与も高いよ」というコピーを、そのまま鵜呑みにする読者も甘いですが。

実際は最初の就職と同じく、転職も入社してみないとわかりません。三五歳ぐらいまでは自分の天職を探す旅だと割り切って、複数の職場を経験するのも良いでしょう。

九州トップクラスの店舗用販促什器《じゅう》メーカー「ＫＭＡ」の巻社長は、二七歳まで定職に就かず、新聞配達や債権回収など約三〇回の転職を経験。どう生きたらいいのか迷っていました。そして、営業マンをやりながら三五歳の時に中小企業診断士に合格。経営の面白さに目覚め、四〇歳で独立します。関連事業の診断士受験校では自ら講師も務めますが、現役の経営者＋豊富な職歴に基づいた実践講義は大人気です。

企業向けコーチング「ナビゲーター」の長田《ながた》さんも、最初の広告代理店は営業ができずに数カ月で退社。次に入った印刷会社も、体が汚れるのが嫌で退職。三度目は、得意な英語を活かそうと英会話講師になりますが、ヤリガイが見い出せずにまたも退職。四度目の旅行代理店でやっと花開き、営業本部長として会社を年商一〇〇億円に導きました。しかしその後、幹部と衝突して退職。四五歳を過ぎての転職では納得する職場がなく、一年間の失業期間を経て脱サラしました。結果は、初年度から年収で一千万円を突破。現在はコーチングの枠を超えて、あらゆる企業や団体のセミナーや研修講師も務めています。

一〇〇円ショップ「ダイソー」で有名な「大創産業」の矢野社長も職歴は多彩。中央大学の夜間を卒業後、義父の家業であるフグの養殖業を手がけますが、数千万円の借金を残して東京へ夜逃げ。百科事典の販売会社に転職しますが、飛び込み営業が全くできずに数カ月で辞めます。その後、ちり紙交換やボーリング場等、性に合わずに転職を繰り返します。そして、「自分は営業はできないが、商品を並べて置くだけの販売ならできる」と、ビニール雑貨等の移動販売に転職。当初はスーパー等の軒先を借り、ベニヤ板の上で質流れや倒産処分品を売っていました。しかし、安かろう悪かろうでは固定客もつかず、同業他社も次々に撤退。矢野社長もヤケクソになり、ある日一〇〇円均一で赤字覚悟の閉店セールをやりました。結果は大反響を呼び、その後は協力する仕入先も急速に拡大。バブル崩壊という追い風もあり、今では年商二千億を超える一大小売りチェーンになりました。

矢野社長は百科事典のセールスでは最下位の成績で、口下手《くちべた》のために接客やサービスをするのも駄目でした。結果として転職を繰り返し、最後は商品を並べるだけの移動販売をやるしかなかったのです。

私もヤマハのルートセールスは駄目でしたが、リクルート社の法人向け新規開拓営業は性に合いました。ルートセールスは嫌な客でも廻らないといけないが、新規開拓は自分で好きな客を選べる。断られることが大半だが、いろんな業界を知ることができて楽しい。同じ営業でもこんなに違うのかと、まさに目から鱗《うろこ》が落ちました。

一般消費者相手の営業と法人向け営業は性格が異なります。顧客が主婦か学生かサラリーマンか、対象が女性か男性かでも、仕事内容は異なります。営業が駄目でも小売業は向いていた矢野社長のように、人にはその人にあった職業が必ずあるはずです。一度や二度の転職失敗はウオーミングアップのようなもの。諦めずにチャレンジを。

# 「対人恐怖症で職を転々。自殺も考えました」

大学中退→飲食アルバイト→アパレル→花屋→工場の季節工を経て

電話＋飲食の複合ビジネスを展開

**(株)パナ通信社**

代表取締役　亀川重行《かめがわしげゆき》

「パナ通信社」は電話加入権のレンタル業を経て、携帯電話販売や電話秘書代行業務へ転換。その後、企業の販売促進をアウトソーシングするテレマーケティングや飲食事業を展開している。

二〇〇二年三月には福岡市内の西新に地中海料理の「ビストロ西新浪漫」をオープン。飲食事業としては二店目だが、既存のチェーン店とは一線を引いたスペイン風の店作りが大好評だ。

普通の飲食店は待ちの姿勢だけだが、「西新浪漫」では販売促進にテレマーケティングを導入。こまめな電話コールや顧客管理を実施し、新しいビジネスモデルを構築している。今後は起業家の支援も兼ねて多店舗化を計画。独立を目指す人を対象に、飲食ビジネスのコンサルティングも強化する。

## 対人恐怖症で職を転々。

亀川は昭和三四年佐賀生まれ。九州産業大学へ入学するが、授業へはほとんど行かず、飲食店でのアルバイトに明け暮れる。「家が兼業農家で貧しく、生活費は自分で稼がねばならない。たまたまバイト先の飲食店が伸び盛りで面白く、はまりました」。

勤務は毎日夜の一一時から朝五時まで。当然、大学へはほとんど行けず、二年で中退。そして、二〇歳の若さで飲食店の店長になり、二年間は正社員として働いた。「今考えると、大学で経営学を学ぶよりも遙かに勉強になった」が、店の経営方針を巡って幹部と対立。仕方なく退職をすることになる。

次は普通のサラリーマンになろうと、アパレルのルートセールスにつく。しかし、元来、人の言うことを聞かない性格。ことごとく上司とぶつかり、職場の人間関係で失敗ばかり。その後も花屋などに勤めたりしたが、何をやっても続かない。

「実は、私は小さい頃から対人恐怖症で、人に逢うと緊張してしゃべれないんです。アパレル会社時代に、毎月一回職場での一分間スピーチがあったんですが、三日前から緊張して眠れない。客先に行っても、まともに会話もできない。その後も転職を繰り返したんですが、何をやっても駄目。一時は、俺は生きている価値もないんじゃないかと、精神科にも通いました。そして悩みに悩んだ挙げ句、一人での独立なら組織や人間関係の煩わしさもない。好きだった飲食店で独立しようと思いました」。

## 地獄の季節工でヒントを得る。

店を持つにはまとまった金がいる。まずは開業資金として四〇〇万円貯めようと決めた。しかし、普通のサラリーマンでは給料も知れているし、勤める自信もない。亀川は求人誌をめくり、群馬や横須賀の日産工場で月三〇万円の臨時工になる。人間関係が苦手でも、機械を相手の肉体労働ならやれると思ったのだ。

「工場は二四時間三交代制で、三日で逃げ出そうと思うくらい仕事はきつかった。でも、これで逃げたら、もう自分は何もない。安全靴を履き、歯を食いしばって働きました」。

こうして亀川は二年で約四〇〇万円を貯め、福岡へ戻った。だが、いざシミュレーションすると、店をやるには八〇〇～一千万円が必要とわかる。そこで、元での金を倍にしようと、東京で思いついたあるニュービジネスを始めることになる。

「臨時工をやっている時、電話は各部屋にはなくて呼び出しだったんです。下宿の学生も、部屋に電話を持っている人はほとんどいなかった。当時としては六万円の電話加入権は独身者には高い。電話のレンタルがあればと考えました。自分も困った経験があったし、調べたら、東京にも福岡にもレンタル電話はない。これは絶対にいける！」

## 独立四カ月で資金ゼロに。

亀川はワンルームマンションの自宅兼事務所を借り、一人で電話機のレンタル業を開業する。飲食店をやるための一時的な資金稼ぎのつもりだったが、これが「パナ通信社」の事実上の創業となった。

夢の独立開業。しかし、当時としては全くのニュービジネス。かつ、名もない会社で、誰も見向きもしない。広告を打っても、全く反応はなかった。

「貯めた四〇〇万円は四カ月でなくなりました。その間の契約は一件もなし。二年間、死ぬ思いで貯めた金が、出ていくときはアッという間になくなるんですね。またも落ち込み、悩みました。当時は、完全なマイナス思考の人間でしたから。

しかし、この電話レンタルは必ず成功する。諦めずに続ければ、いつかは認知されると自分に言い聞かせた。そして、これで駄目なら、もう自分は死ぬしかない。実際、自殺も何度か考えました。ならば、死んだつもりで働こう。寝る時間を削ればいいと考えました」。

こうして食うに困った亀川は、夕方から朝までカラオケパブの店長として働く。昼は電話のレンタル販売の社長、夜はパブの二重生活だ。

パブの給料から毎月六万円の電話加入権を三つ買い、それを月々二五〇〇円で貸し出す。毎月五万七五〇〇円の手出しだったが、当時は加入権は六万五千円で売れた時代。何とかなるとこれを繰り返した。

「かすかな夢とせっぱ詰まった生活。〝寝たい〟よりも〝やりたい〟気持ちが強かった。そういう状況だと、人は二四時間働けるんですね。我ながら、よくやったと思います」。

こうして、二重生活を送りながら三年で一〇〇回線。その後は、五つの銀行カードローンや国民金融公庫からも金を借り、五年で五〇〇回線を保有。地道な営業活動が実を結び、徐々に電話レンタルでは地場大手になっていった。

## 念願の飲食店も経営。携帯レンタルもブレイク。

徐々に昼間の仕事が忙しくなり、パブの仕事は辞めることに決めた。ところが、オーナーも手が回らず、店を買い取らないかという申し出があった。条件は月々三〇万円で三年間の支払い。当時、店は毎月五〇〜七〇万円くらいの経常利益を上げていて、払えない額ではない。亀川は悩んだが、店長を雇う形で店を引き継いだ。すると、同じ店なのに二カ月後には毎月七〇〜一〇〇万円の利益を生む繁盛店に変わった。

「それまでも店長として一生懸命やっていたつもりなんですが、オーナーになったら意識がガラッと変わりましたね。すると打つ手も変わり、売上や利益も大幅に上がりました。その後にカラオケの競合店が増えて居酒屋に転換しましたが、当初の夢だった飲食店の経営が実現したんです」。

その後、携帯電話が出現。しかし、当初の携帯電話は約三〇万円したので、これもレンタル商品になると営業品目に加えた。一年間は駄目だったが、徐々に建設現場やイベント会場での引き合いが増えた。一九九五年の阪神大震災の時には、災害救助用として携帯電話が大ブレイク。九州から

も多数のボランティアが参加したため、「パナ通信社」の携帯レンタルも飛躍的に伸びた。その後、携帯電話の価格が急速に下がったためレンタルは中止。現在は販売と保守サービスに移行している。

「固定電話の加入権も、加入権不要の携帯電話やＩＮＳ回線の普及で価値は下落。電話レンタルのためにコツコツ貯めて来た加入権は、今や紙屑同然です。借金返済は終わっていますが、この間、わずか一〇年。通信業界の変化は目まぐるしいですね」。

## 自分が困った経験をヒントに新規事業。

現在の事業はテレマーケティングと飲食店を中心に、携帯電話の販売や電話秘書代行も手がける。電話秘書代行は一九九二年から始めた。

「ある人から、韓国ではある時期を境に電話加入権が廃止になったと聞きました。当時の事業は電話レンタル一〇〇パーセント。もし、日本も加入権廃止になったらウチも駄目になる。何か新規事業をと考えました。そして、ふと思いついたのが電話秘書代行業です。

実は独立当初、三年間は自分一人で何でもやっていたんです。営業から経理からすべて。食えないので人を雇う余裕はない。

電話レンタルの広告を出し、それを見た人が問い合わせの電話をかけてくる。そこで留守番電話を入れたんですが、伝言ランプは沢山ついていても、伝言は全く入っていない。留守中に、ものすごいビジネスチャンスを逃していたんですね。でも、外には出ないと行けない。そういう時に、ポストに電話秘書代行のチラシが入っていて、使ってみると便利で、すごく助かったんです。

当時の自分と同じような、独立当初の人を助けようと、電話秘書サービスを始めました。ビジネスとしては大きくなりませんが、起業支援の一環として、ライフワークのつもりでやっています」。

## 自殺まで考えて気づいたこと。

一九九九年の春、亀川は「やずや」創業者、矢頭宣男《やず》が主催した経営計画セミナーに出席。衝撃を受ける。「その一二年前に、私は矢頭さんとある会であったんですが、当時の矢頭さんは創業一〇年目で事業に失敗。借金も抱え、奥さんと小さな事務所で細々と健康食品の販売をしていました。脱サラしたからには、こうはなりたくないと思いましたね。

ところが、一二年後に会った時には、年商も五〇億で自社ビルも三つ目。何が起こったのかと思いました。あの惨めだった矢頭さんが、こんなに変わるとは。神様の力でも借りたのかと思いました。

セミナーはB４一枚の経営計画書をつくることだったんですが、様々なことを学びました。矢頭さんには非常に感謝しています」。

二〇〇二年からは長年の夢だった飲食ビジネスを本格展開。今までの電話ビジネスで培った販促ノウハウを活かし、同時に起業家志向の人に店舗経営を任せて、新しい飲食チェーン構築にチャレンジする。

「まだまだ小さな事業ですが、自殺まで考えた、昔の駄目な自分を考えると夢のよう。わずか一六年間の起業経験ですが、気づいたことが五つあります。

一つ目は〝欠点は宝物である〟ということ。強度の緊張症でサラリーマンに何度も挫折。行き場がなくなり、独立するしかなかった。

二つ目は〝天職は自分の経験の中にある〟。最初の電話レンタルビジネスは、臨時工時代の寮生活。その後のパブ経営も、学生時代の飲食アルバイト経験があったから。今の事業も、すべては過去の経験を集約した結果です。

三つ目は〝成功するまで諦めない〟こと。脱サラ四カ月で資金ゼロになりましたが、その後も諦めずに続けた結果、五年後に電話レンタルが花開いた。今回の飲食事業も、バイト時代から考えると約二〇年越しの夢です。諦めずに追い続けて努力すれば、チャンスは必ずやってきます。

四つ目は〝一点集中する〟こと。一時はインターネットや情報サービスにも手を出しましたが、全て失敗。自分の得意分野＝電話と飲食に絞り、今があります。

五つ目は〝仕事とは自分探しの旅〟であること。組織が嫌いだった自分が、今気づくと従業員も二〇名。とても信じられません。仕事が自分を成長させてくれたんですね。限界を自分で決めるのではなく、一所懸命やれば新しい自分が発見できる。今もそう信じて、自分探しをしています」。

# 都市銀行を辞めて、あえてヤクザな世界へ

中学時代は番長↓悪ガキ全寮制高校でボクシング↓関西大学↓三和銀行で全国トップ↓住宅リフォーム会社↓一九九八年、仲間五〇人と独立

株式公開を目指す住宅リフォームのベンチャー

**ホームテック(株)**

代表取締役　小笠原良安《よしやす》

「ホームテック」は、福岡を本社とする住宅リフォーム企業。創業は一九九八年だが、二〇〇〇年に八億円だった年商は二〇〇一年には一五億円と倍増。二〇〇二年は二五億、

二〇〇三年は四〇億を見込む。

二〇〇一年末には政府系のベンチャーキャピタル・大阪中小企業投資育成、VC大手の日本アジア投資、西京銀行系のエスケイベンチャーズから出資を得て、早ければ二〇〇四年の東証マザーズ上場を目指す。

主力は一戸建て住宅の外壁ペイント。住宅リフォームは、二〇一〇年には一〇兆円市場になると言われる数少ない成長市場。しかし、現状は小規模な業者が多く、トラブルも多い。新築住宅に比べると単価も低く、大手にとっては鬼門の業界。「だからこそ、我々のような後発でも、無限の可能性がある」(小笠原社長)。元番長で銀行出身という異色の経歴。

## 中学時代は番長。補導歴二〇回。

一九九八年の秋、小笠原の携帯電話が鳴った。「至急、新大阪駅に来て欲しい」。電話は、当時、小笠原が務めていたリフォーム会社の支店長からだった。行くと、全国二二支店のトップ支店長五人が揃っていた。小笠原の当時の肩書きは取締役社長室長。

「今の社長にはついていけない。僕たちはもう辞めます。しかし、アンタには世話になった。だから、挨拶だけはしておこうと思った」。

「これからどうするんだ?」。

「皆で独立してやろうと思っている」。

「君たちは営業は出来るかも知れないが、会社経営というのは大変だぞ。そんな馬鹿なことはやめろ」

「じゃあ、アンタが社長になってやってくれ」。

この二カ月後、小笠原は会社を辞めて社員達と独立。総勢五〇人もの大独立劇だった。

「独立はぼんやりとは考えていたが、こんな形でやるとは思わなかった。ミイラ取りがミイラになったという感じですね」。


小笠原は昭和三九年、静岡生まれ。父親は貿易会社、母は美容室の経営という商売人の家に生まれる。長屋のような家続きの環境で育ち、「両親が共働きだったため、いつも近所の家を泊まり歩くような生活だった」。一時期は地元でも有名な商売人だった。

しかしある日、小学生だった小笠原が帰宅すると、何か札がベタベタと貼られて家に入れない。税務調査で、家や家財を差し押さえられたのだ。

「子供心に怒りがこみ上げ、取り立てに来た税務署員の頭に、煮えたぎった味噌汁をぶっかけました」。

この原体験が、後の小笠原の事業意欲に火を付けることになる。

中学生時代は荒れた。何がそうさせたのかわからないが、小笠原は喧嘩ばかりしていた。通っていた学校の番長となり、ついに静岡県下の総番長を決める決戦にも参加。警察の一斉補導で止められるが、中学時代は約二〇回も補導されたという悪ガキだった。

当然、公立高校には進めない。親が県内を探しまくり、何とか入学したのが全寮制の高校。そこは県下のどうしようもない不良が入る高校で、卒業までには生徒の約半分が退学していた。毎朝六時起床で掃除、丸坊主と厳しい校風。有り余るパワーを発散しようと、小笠原はボクシングを始める。

そのロードワーク中に、可愛い女の子を発見。そのまま、後を着いていくと大学進学のための塾だった。当時、小笠原は大学など考えたこともなかったが、その子が行くと言うことで小笠原も進学を決意。数カ月の勉強だったが、運良く関西大学法学部に入学する。

しかし、法学部の講義本を読んでも全くわからない。それまで全く勉強してなかった小笠原は、自らの知識のなさに愕然とし、法律討論部に入部。高校までとは一変し、毎日図書館で猛勉強。なんと在学中に司法試験の一次試験に受かった。就職は「いろんな業界が見れるからいいかなという程度で、最初に内定を貰った」三和銀行に入社する。

## 銀行時代は五年連続日本一。

入行後は、窓口貸付・審査・為替などを経て、福岡支店に配属。法人の新規開拓営業となる。ここで、小笠原は平均営業マンの約一〇倍の業績を上げ、五年連続、全国四千人の営業マンで新規粗利額トップとなる。

小笠原の営業方法は一風変わっていた。支店のゴミ箱に捨ててある資料などを漁り、これはという企業を探して訪問。そして、担当企業には寝袋を持って泊まり込み。社長や社員の実態を把握し、社内の伝票をしらみ潰しに洗ったりした。

ある外食企業の再建では、出入りしている大手ビールメーカーの役員に直談判。外食企業に三億円の債務保証をさせて系列のコンサルタントを送り込み、アッという間に、倒産の危機から救った。同様に、様々な業界の企業を蘇らせ、結果として銀行の窓口には小笠原詣での客が行列をつくるほどになった。

こうして、頭角を現した小笠原は、本社の営業本部に昇進し、NTTやJRなどの超大企業を担当。

社内的にはエリート街道を上り詰めた小笠原。しかし、「毎日がお役人の接待ばかり。銀行の限界が見えて」辞表を出す。一年ほど引き留められたが、もはや銀行に未練はなかった。

## スカウトの電話でリフォーム業界へ。

何をしようかとブラブラしていたある日、人材スカウト会社から電話があった。ある会社からの依頼だったが、聞くと福岡のよく知った住宅リフォーム会社。小笠原が三和銀行の福岡支店時代、つき合いがあった社長からだった。「後継者がいない。次期社長としてやってほしい」と。

当時、小笠原は転職先として、次のような条件に当てはまる業界を考えていた。国の規制がない、許認可が要らない、市場の将来性がある、大手が参入しない……etc。該当する業界の一つが住宅リフォームだった。

入社に際して、小笠原は二つの条件を社長に提示した。一つは、私利私欲を超えたパブリックカンパニーにすること。社長の財布の札束を厚くするのが目的ではなく、公明正大にする。二つ目は、お客を騙さないシステムをつくること。今も昔も、リフォーム業界は営業方法や施工に問題が多い。見えないところで手抜きをするのは当たり前。社員が正々堂々と自分の会社名を名乗れるようにしようと。

しかし、入社後も散々話したが、何も変わらない。オーナーはロールスロイスやベンツを何台も乗り回し、悪徳な営業方針も変えない。社員に対しても、気分次第で降格や減給を平気でする。そういう悶々としていた時期に、冒頭の新大阪事件があり、小笠原は社員五〇人と集団で独立することになる。

## 業界の悪弊を刷新。だが資金繰りに悩み……。

独立に際しては、前の会社やそれまでの業界の常識を反面教師にした。①出荷証明書の発行。外壁塗装業界では、規定の塗料を一〇倍に薄めるのが常識。それが現場で出来ないよう、メーカーから顧客へ直接、塗料の出荷証明書を送らせるようにした。②一〇年保証の実施。それまでは保証なし又は五年保証を、業界初の一〇年保証にした。③最高品質塗料のフッ素を採用。原価は高いが、フッ素は他の二～七倍の耐久性がある。④一〇年間の定期点検を実施。施工後はアフターフォローなしの業界常識を改め、一〇年間半年に一回点検保守をする。

他にもあるが、要はお客にとってウソのない営業方法と商品、施工、保守点検システムをつくり、それをすべてオープンにしようとした。

また、会社の経営も全てガラス張りにしようと、設立当初から株主を一般公募。株主には冒頭のベンチャーキャピタルの他に、明太子のふくや社長、ランチェスター経営の竹田社長、中洲の超繁

盛ブティック「アルタモーダ・アベ」安部店長等、約五〇人が名を連ねる。

こうしてスタートした「ホームテック」だが、当然、創業時は大変だった。いくら創業メンバーとはいえ、一般社員には毎月固定給を払わねばならない。しかも、気楽な個人ではなく、大所帯での創業は、当然運転資金も膨大だ。

幸い、一騎当千の営業マンばかりだったので、二カ月目には単月で黒字転換。当初の営業所開設費用は数カ月で回収できるものと思われた。しかし、その半年後には資金繰りがショート。小笠原は全財産をつぎ込み、資金繰りに走り回った。当然、自身の給与はゼロの日が続く。知り合いの経営者から数百万円を借りたり、支払いに自分のマンションの権利証を差し出したことも。創業一年目の頃だ。

「あの頃は毎日が資金繰りの戦争で、毎晩会社に泊まり込み。頭には白髪が増え、一〇円ハゲも出来ましたね。家に生活費も入れられず、子供の学資保険も解約しました」。

しかし、結局、対外的には一度も未払いはなく、難局は乗り切った。今では実質無借金経営で銀行や取引先の信用も厚く、経営は安泰だ。

## 脱落者だからチャンスがある。

「この業界は、いかに人を育てられるかなんです。求人をしても、リフォーム業界はイメージが悪く、来るのは脱落者ばかり。何も成功体験がなく、勝手に自分の限界を決めている。そういう吹き溜まりがこの業界の実態なんです。非常に泥臭い。

でも、だからこそチャンスがある。大手やエリートは、本気でこの業界では働けません。ウチは、基本的に応募者は全員入社させます。丸三年を過ぎて、社員教育の体制も徐々に整ってきた。特別な経験や知識は不要。中卒や高校中退もＯＫ。事実、五〇代の女性で月収一〇〇万円以上の実績者もいます。

本人に小さな成功体験を積み重ねさせ、自分にもできるんだという自信を持って貰うこと。そういう社員をどれだけ増やせるかが勝負です。

ＩＴの時代でも、この業界は永遠に労働集約型産業。最初の予感通り、この業界にはまさに巨大な金脈が眠っていることがわかった。銀行を辞めて、本当に良かったですね」。

三和銀行を辞めた時は、親は泣き狂ったという。そりゃそうだろう。昔は不良の番長が、大学を出て銀行にまで勤めるようになった。それがわけのわからないリフォーム業界とは。

しかし、現在のリフォーム業界はまだまだ近代化が遅れ、荒くれ業者同士、群雄割拠《ぐんゆうかっきょ》のなわばり争い状態。昔、番長だった小笠原には、実は格好の職場だったのだ。業界の総番長になる日も近い。

# 第五章

# バカは脱サラ失敗に学ぶ

誰もが一度は夢見る独立起業＝一国一城の主。書店には様々な独立雑誌や本が溢れ、「貴方も簡単に成功します」というバラ色の話が載っていますね。しかし、サラリーマン時代は成功していても、いざ脱サラとなると現実は厳しい。中小企業庁の調査によると、脱サラして一年で約三割が廃業していて、五年後には七割が無い。そして、一〇年後には九割が廃業しています。特に、それまで大企業にいた人が、いきなり脱サラすると失敗する確率が高い。原因はいろいろありますが、自分の実力と会社の看板や知名度を勘違いしていることが多いからです。

私がリクルート社に勤めていた頃、求人広告の営業は面白いように契約が取れました。社内でも何回か新規開拓数でトップとなり、俺は営業の天才かも知れないと思ったものです。ところが、脱サラして同じ仕事を代理店としてやったんですが、アポイントが以前の五分の一も取れない。「インタークロス？　知らないねえ。ウチはリクルートでやってるからイイよ」。つまり、以前は自分はできると思っていたんですが、お客の大半はリクルート社という看板を信用していたのです。世間は甘くないなと痛感しました。

九州の無国籍料理の元祖と言われる異色の居酒屋「地球屋」。植松社長は焼鳥屋として脱サラしたのですが、当初一〇年は何をやっても失敗の連続。常に借金取りに追われる生活で、家賃の支払いも滞る日々でした。そして、ある日帰宅すると電気がつかない。

ついに電気も止められ、奥さんがワッと泣き出したそうです。その姿を見て植松さんは目覚め、初めて本気になって料理の研究に没頭。出来上がったのが「カラムーチョ鍋」というエスニック料理で、当時の激辛ブームにも乗ってお店は大繁盛店に生まれ変わりました。

福岡の働く女性を応援する雑誌「アヴァンティ」の村山さんも、独立一年で赤字が一五〇〇万円にまで急増。二年目も赤字で、どうしようもない状態がその後も続きました。このままでは潰れると慌てて経営者の勉強会に顔を出し、「社長の役目は小さなことをケチケチするのでなく、仕入れなどの大きな経費を節約すること」とアドバイスを受け、雑誌の印刷コストを見直し。その結果、制作コストを大幅に減らすことができ、窮地を脱しました。

進学塾で九州最大手の「英進館」は、筒井会長が九州松下電器を脱サラして昭和五四年に創業。しかし、当初一〇〇名の生徒募集に対して一六人しか集まらず、四教室を二教室に縮小してアパートの一室に移転。半年後には借金一千万円を抱えて倒産寸前になりましたが、妻の実家に代理返済して貰ったそうです。

九州最大の折込求人紙「にっしょう」を発行する「日晶」の奥田社長。高校の美術教師を経てデザイン事務所を開業しますが、一年で閉鎖。次のミニコミ誌発行も、一年半で三千万円の赤字を抱えて廃業。仕方なく印刷ブローカーに転じ、細々と合同の求人チラシを発行します。大手の求人誌に比べると地味な媒体ですが、安くてタイムリーな企画とエリア限定の営業方法でパート求人の市場を独占。今ではグループ年商一〇億円を超えます。

サラリーマン時代に実績を上げていても、脱サラすればヨチヨチ歩きの社長一年生。事前にどんなに勉強しても、実際にやってみると失敗の連続です。しかし、試みのないところには成功もありません。転んだり、頭をぶつけたりしながら、少しずつ成長していくのが普通です。失敗した直後は苦しいですが、時間と共に、必ず貴重な経験になります。

# 創業一五年間の赤字でも「生徒は必ず来る!」

酪農学園→アメリカ牧場留学二年→英会話教材セールス一〇年→三五歳で英会話学校設立

福岡No.1の独立系英会話学校
**FCC・福岡コミュニケーションセンター**
代表取締役　赤峰《あかみね》美則《みのり》

生徒数約四〇〇名。地元福岡の独立系英会話学校で、生徒数・授業内容でトップクラスと言われるのが「FCC」だ。一定期間に生徒の英会話力が上がらなければ、無料で追加授業を行う「TOEIC二〇〇点アップ保証コース」を常設。また、通常の英会話学校は外国人との単なる会話授業が多いが、「FCC」は会話に加え「文法」「リスニング」「ディスカッション」「スピーキング」等の強化クラスを必須選択にしている。

また、生徒には毎週「英語日記」を提出させ、担当講師がミス部分をチェック→生徒に返却→訂正部分を再チェックと、二度に渡って無料で添削を実施。このような大手のチェーン校では出来ない手作り授業・指導が評判を呼び、その内容はテレビ番組や月刊誌でも報道された。この数年、生徒数が急増している。

創業は昭和五九年だが、実は、黒字転換したのは平成一一年。それまでの一五年間は赤字続きで、一時は借金が一七〇〇万円にものぼっていた。

## 牛にあこがれ、アメリカに牧場留学するも……。

赤峰は昭和二四年、大分県九重町で生まれた。実家は牛を飼う農家。自然とホルスタインが好きになり、高校を卒業すると北海道の酪農学園(通信制)に入学した。しかし、広大な北海道の牧場経営と大分との落差に気づき、牧場経営に自信をなくす。

そして「このまま大分に帰ってもダメだ。もっと勉強したい」と、アメリカ行きを夢見る。時は今から三〇余年前の昭和四五年。日本から海外への渡航者も年間五〇万人程度で、一般庶民に海外旅行なんて夢のまた夢。赤峰には飛行機代もなかった。

しかし、思いは募るばかり。アメリカに行かないと自分の将来はない、何とか方法はないかと考えていたある日、雑誌で「国費による二年間の米国農業留学制度」を知る。

英語と農業他の試験があり、赤峰は英語がまったく出来なかったが「もう、これしかない」と、中学時代の英語教科書を取り出して必死に勉強。幸運にも合格を果たす。

当初三カ月は現地の語学学校で学び、その後、アメリカ・ワシントン州にある開拓牧場主の下で二年間を過ごした。慣れない英語で農作業もミスの連続。毎日怒鳴られ、文字通り汗と土にまみれて働く厳しい日々だったが、赤峰は多くのことを学んで大満足した。

しかし帰国後、牧場経営は諦めた。

「北海道の経験でもわかってはいましたが、やはりこれからの牧場は広大な土地がないと無理。それが牧場先進国のアメリカでよく理解できた。最初の夢の挫折ですが、やることはやったし、未練はなかったですね」。

## 英会話教材を農協に売り込み。歩合セールスでトップ。

何をやろうか。赤峰は何気なく見た新聞の求人広告で、英会話教材の外資系販売会社に入社。初めての就職だったが、赤峰はあえて固定給ゼロの歩合セールスを選ぶ。

「牧場を耕すのと同じ。ゼロから開拓しようと、迷いはありませんでした。それに、歩合＝完全実力主義。自分の半端な学歴・職歴も全く関係ない。ここなら勝負できると思いましたね。組織にも向いてないと思ってましたから、歩合で良かったんです」。

当時は訪問販売花盛りの頃で、百科事典の次に売れていたのが英会話教材。社会人を対象に、九州一円をマーケットに営業を繰り返した。

昭和四〇年代。時代はまさに高度成長期で、アメリカから様々なモノやサービスが輸入されていた。英会話教材もその一つ。

「しかし、当初三カ月は売上ゼロで給与もゼロ。社内で電話アポイントを取るんですが、私は田舎者でセールストークも下手。皆に聞かれるのが恥ずかしく、毎朝六時頃に出社して練習しました」。

たまたま農協関係の人に会ったところ、相手は赤峰が農業に詳しいことに驚く。わずか二年ではあったが、赤峰のアメリカ実体験は日本の農家のはるか先を行っていたのだ。これが噂を呼び、赤峰はアチコチの農協・農家から話をしてほしいと呼ばれるようになった。

そして、農業で成功するにはアメリカに学ぶこと、そのためには英会話が必要というセールストークが完成し、農村マーケットは赤峰の独壇場となる。

こうして入社八カ月後には鹿児島営業所を任され、全国営業ベスト10に入った。さらに四年後には同業他社に引き抜かれ、大分で自宅を事務所に一人で代理店を開設。多い時は営業マンを五〇人ほど抱え、月収も二〇〇万円を超えた。

「俺は商売の天才だと思い、商店街でも道路の真ん中を威張って歩いていました。恐いものは何もなかったですね」。

しかし赤峰は、徐々に自分の仕事に疑問を抱くようになる。

## 虚業に気づき、独立開業を決意。

ある日、赤峰が町を歩いていると、英会話教材を買ったお客が前から歩いてきた。普通は挨拶をするものだが、その瞬間、赤峰は顔を合わさないように物陰に隠れた。

「そんな行動をとった自分にビックリしました。つまり、教材は売ったが、売りっぱなしで無責任。自分でもわかっていたんですね。それまでは夢中で売っていたんですが、これではいけない。こういう虚業をやっていてはいけないと気づきました」。

他の英会話関連の会社への転職も考えたが、実態はどこも似たような教材販売形式。しかし、他の業界のことはわからないし、この英会話の業界でやるしかない。でも、今までのような無責任な仕事はいやだ。教材を売りっぱなしにせず、生徒が確実に英語力をつけることができる体制でやりたい。いろいろ考えたが、もはや自分でやるしかない。壁にぶつかり、しかし理想に燃えていた赤峰には、独立は自然な流れだった。

そして昭和五九年、赤峰はしがらみの多い地元大分を離れ、福岡で「英会話学校FCC・福岡コミュニケーションセンター」を設立。開業資金五〇〇万円で、スタッフは自分と営業社員の二人。博多駅裏の小さな雑居ビルに、わずか一〇坪の教室をオープンした。

## カードやサラ金で借金一七〇〇万円。

不満があったとはいえ、前の会社は業界大手で知名度があった。しかし、「FCC」は全くの無名で、生徒をどうやって集めたらいいかわからない。しかたなく、昔取った杵柄《きねづか》で、学生寮などに飛び込んで勧誘活動。毎日毎日、一〇〇件は廻った。以前の会社は教材を売りっぱなしだったが、赤峰は、教材を売った後もフォロー授業を教室で行うようにした。しかし、その分、経費や手間暇がかかり、なかなか利益につながらない。

一時は営業マンを七～八人も雇い、訪問販売を強化した。しかし、いっこうに成績は上がらない。

「以前はあんなに売れたのに、なぜ売れないいんだ」。

実はその頃には、高額な英会話教材のピークは終わり、徐々に英会話はスクール通学で学ぶ時代に変わっていたのだ。

しかし、そんな事にも気づかない赤峰は、カードローン一四社にサラ金一社にまで手を出し、借金は約一七〇〇万円になって会社も自身も火の車。

「毎月の月末は、いつも資金繰りで大変でした。当時の社員は固定給でしたから、売れなくても給与の支払いはしないといけない。家賃や講師への支払いもある。もちろん、私の給与はゼロです。今考えても、どうやって生活できたのか不思議です」。

経営コンサルタントを入れて改革を頼んだが、コンサルの結論は「このままでは人件費がかさむだけで会社は潰れる。全員解雇だ！」。

結局、営業マン全員に辞めて貰い、スタッフは赤峰と事務の女性の二人だけに。

創業一〇年目にして、また一からの出直しとなる。

## 訪問販売を辞めスクール化。広告集客で成功。

「辞めて貰った営業マンには、申し訳ない気持ちで一杯でした。彼らにも生活があり、家族もあった。時代が変わっていたとは言え、育てられなかった私の責任です。経営者としての自信を失い、もう、営業マンは雇わないと決めました」。

これで一気に固定費は下がったが、課題はやはり生徒集め。もはや営業は自分一人しかいない。赤峰は思い切って教材販売を辞め、スクール通学形式一本に絞る。それから生徒募集のチラシを持ち、あちこちの会社に飛び込み訪問した。

同時に、冒頭のような実力アップ保証や他校にないカリキュラムを作成。優秀な講師を採用し、大手チェーン校との差別化を、授業内容ではかっていった。

「こちらの社内で、英会話に興味がある人へこのチラシを渡して下さい。ウチは無名ですが、中身が違います。ぜひ、宜しくお願いします！」。

年中無休で休みなし。朝から晩まで駆けずり回り、多い時は一日三〇〇件も廻った。しかし、徐々に通学生徒は増えたが、採算ラインには遠く及ばない。

その一年後、タウン誌や電話帳による広告集客にトライした。当時、福岡では「ガリヤ」や「アヴァンティ」といった無料配布誌が増え、大手のリクルート社も「ホットペッパー」等のタウン誌を出し始めた。

どれも読者はオフィスの女性が中心で、英会話のターゲットと合う。発行部数も一〇万部以上で、自分でチラシを撒くより効率もいい。

当初は、ただ広告を出していただけで、集客は相変わらずだったが、三年前からある広告コンサルタントに文章・コピーを依頼。赤峰自身の理想の英会話をつくりたいという夢、利益至上主義でなく確実に英語力を身につけるための方法の実施、「授業は厳しいが皆と切磋琢磨《せっさたくま》して楽しんで勉強している」という生徒たちの声、他校と違う取り組みなどが紙面にびっしりと並んだ。

これが当たり、その後の業績は毎年倍増。それまで年商二千〜三千万円が、翌年には五千万円。次の年には八千万円を超え、わずか三年で年商は三倍になった。現在は一億円に迫る勢いだ。

借金もほぼ完済。今までは見向きもしなかった銀行が、借り入れの依頼をしてくるようにもなった。

## 念ずれば花開く。

「経営者として、一五年間は最低でした。給与はゼロ〜三〇万円を行ったり来たり。カードローンだけでなく、親や妹、親戚や友人からも借金しました。

でも、なぜか、落ち込んだことはなかったんです。コツコツやれば、いつか花は開くと信じていました。これは牧場での修行体験が大きく影響していると思います。

私が弟子入りしたアメリカの開拓牧場主は、先祖代々長い年月をかけて牧場を作ってました。良いミルク・牛を育てるには、良い土を作らねばならない。土壌の改良や牧草づくり、そして牛の改

良にも何年もかかる。平均三〇年かかってやっと、良い牛が出来るんだそうです。諦めずにコツコツとやることが大事なんだと、その時、身をもって教えられました。

英会話学校づくりも同じだと考えました。確実に力がつく授業内容も、熱心な責任感のある講師を育てることも、時間をかければ徐々に育つ。そうしたら生徒さんは必ず集まってくる。時間をかければ、夢は必ず実現する。毎年、毎年、そう信じてきました。

黒字転換まで一五年かかりました。歯を食いしばってコツコツ努力した一五年のおかげで、今の『ＦＣＣ』の内容は、どこもマネできないものに成長しました。これだけ手が掛かる内容と仕組み、講師の育成体制は一朝一夕には出来ないと自負しています。かつ、効率が悪いから、大手もマネできない。小さくても内容で地元№・１を維持し続けます」。

## 他校がマネできないFCCの授業とは。

現在でも、英会話学習はスクール通学が主流。大手の英会話チェーンは派手なテレビＣＭを大量に流し、全国の主要都市に豪華な教室を次々に開設している。宣伝力では、大手にはかなわない。それなのに、なぜ「ＦＣＣ」は生徒が増えているのか。

実は、「ＦＣＣ」は授業内容が大手と全く異なっている。通常は、外国人講師との会話授業が大半だが、「ＦＣＣ」では会話以外に文法・リスニング・スピーキング・ディスカッション・ＴＯＥＩＣ等の強化クラスを常設。初心者が短期間で英会話を修得できるよう、多彩なプログラムを組んでいる。

また、入校時から定期的にＴＯＥＩＣ(英語の世界共通テスト)模試を校内で実施。授業の成果を曖昧にするのではなく、数字で結果を示すようにしている。さらに、規定期間にＴＯＥＩＣの点数が二〇〇点以上アップしなければ、無料で追加レッスンを行う「ＴＯＥＩＣ点数保証コース」も常設。生徒には宿題と英語日記も義務づけ、講師は毎週数百人の日記を添削する。

ここまでやる英会話学校は少なく、結果として「ＦＣＣ」は口コミや紹介での入学が多い。他校では実力がつかなかったと、厳しさを求めて「ＦＣＣ」に転校した生徒も約六割を占める。

「講師の選定も大変です。ウチは他校よりも授業内容が多彩で、その分講師の負担も増えます。だから、楽をしたい講師は嫌がる。でも、やるからにはどこにもない学校を創りたい。

そういう熱意を、講師にも切々と訴えた結果、良い講師陣が揃いました。最近は優秀な事務スタッフも加わり、運営もかなり楽になった。

様々な人のお陰ですが、特に感謝したいのは、創業時からのスタッフである荒牧《あらまき》。彼女は元々小学校の教師で、正義感が非常に強い。目先の売上ではなく、授業内容と講師のレベルアップを常に私に訴えてきました。講師を根気よく説得し続けたのは彼女で、彼女の支えがなければ、今の『Ｆ

CC』はありません」。

地元に数ある英会話学校の中で、中途解約＝返金を広告表示しているのも「FCC」のみ。クレームや不満が多い英会話業界では、よほど内容に自信がないとできないことだ。

当分、地元No・1の評価は揺らぎそうにない。

# 脱サラ一年で三つの事業に失敗、「これしかない！」

熊本大学中退↓長崎大学二部↓ミシン営業↓ピアノ営業↓同志社大学卒↓大和ハウス↓ボウリング場支配人↓パブマスター↓アイデア商品・靴クリーム・贈答品販売に失敗↓結婚式司会↓クロレラ歩合セールス↓結婚式司会＋健康食品通販

九州最大級の通信販売会社

**（株）やずや**

創業者　矢頭宣男《やずのぶお》

る。

「やずや」は福岡を拠点として、全国に栄養補助食品や自然調味料を企画販売している。

大手通販会社が苦戦する中、「やずや」グループは一九九九年三二億→二〇〇〇年六二億→二〇〇一年九九億→二〇〇二年三月期は一四一億円、二〇〇三年三月期は二〇三億円と急成長。二〇〇四年には三〇〇億を見込む。一九八七年にわずか六千万円の売上は、この一六年で三三八倍の成長を遂げた。

中国の黒酢を改良した「やずやの香醋《こうず》」、国産にんにくと地鳥の有精卵のみを使用した「家伝にんにく卵黄」、大麦を原料とする「養生青汁」、雑穀を加工した「雑穀米」など、商品はどれも自然の食材を活かしたものだ。

特に、一九九八年から販売した「香醋」は単品で一〇〇億円を上げ、通信販売による酢の健康食品では国内No・1の地位を確保している。

創業者の矢頭は一九九九年に他界したが、その後も業績は成長を続け、社員わずか五〇名で無借金経営を貫き、自社ビルも三棟保有する。今や九州を代表する元気企業だが、過去には様々な失敗と挫折を繰り返してきた。その遍歴を追う。

## 二五歳で大学を卒業。転職を繰り返す。

創業者、矢頭宣男は昭和一九年、福岡県築上《ちくじょう》郡吉富町で精米業を営む家に生まれた。中学時代はクラスで三番になるなど、勉強は比較的できた。

しかし、教師を目指し、現役で熊本大学教育学部に入学したものの、「デモしか先生」志向の同級生に落胆し、三カ月で退学。その後二回の受験に失敗し、長崎の短大夜間に入学。アルバイトで蛇の目ミシンやヤマハのピアノセールスをやり、同志社大学の夜間に編入して二五歳で卒業する。セールスに自信のあった矢頭は、大学卒業後、知人のすすめもあって大和ハウスに入社。東京でバリバリ仕事をした。最初は建築現場に三カ月住み込み、不動産・住宅のイロハを叩き込まれた。しかし、辞令一つで全国に飛ばねばならず、長男だった矢頭は親の面倒をみなければと、九州に帰ることを決心する。

一年間、神奈川県の大和ハウス関連のゴルフ場支配人とボウリング場のマネージャーをやり、九州に帰ってきたが、どこも当てはない。小倉駅前をブラブラしていると人材会社があった。後からわかったが、そこは顧客に水商売関係が多く、ホワイトカラーはあまり行かないところだった。

しかし、「既に、大学も人より遅れて卒業し、それも夜間で転職もしている。同じことでは勝てない、人が嫌がることをしようと思っていました。

だから、通常の大卒とは逆、水商売でもいいじゃないかと、山口県下関のパブスナックに二代目のマネージャーとして入りました。そこは母体がニチイ（現マイカル）で、かつ夜勤手当だとかいろいろ付き、給料は良かったですね」。

ここで矢頭は、企画の仕事、マネージャーとしていかに集客するか、女性従業員との接し方等を、大阪からきた名マネージャーに教わった。

## 初の脱サラはことごとく失敗。

パブ支配人の仕事は順調だったが、ヤクザとの対応の仕方などで会社と対立。「そんなに会社のやり方に不満があるなら、自分でやったら？」という妻の助言も受け、矢頭は脱サラを目指す。昭和四九年、矢頭が三〇歳の時だ。

しかし、何をやったらいいかわからない。矢頭は独立・脱サラの雑誌などを読みまくり、車のバックギアを入れると〝バックします〟という音声が流れるアイデア商品に目を付ける。

「これは便利だ、と思って、試しに一つ送って貰いました。で、自分の車に着けたんですが、〝バックします。ご注意下さい〟の声が思ったよりうるさくてしようがない。これは駄目だ、売れないと断念しました。

二つ目は、これも雑誌で見つけたんですが、スポンジに靴クリームが染み込ませてあって、サッと靴が磨けるというアイデア商品。メーカーに聞いたら〝今、東京のホテルに貸し出したらボンボン売れてね。大人気なんですよ〟と言うんです。これはイケルと思い、市場調査もせずにパッと決めました。権利金を払ってね。これで山口県下の営業権利は俺のものだと(笑)。

でも、どこのホテルでも買ってくれませんでした。結局、三カ月で辞めました。

そして、三つ目が贈答品の仕事でした。生保の女性セールスは、顧客に生保会社の名前が入ったタオルなど粗品をよく配りますが、あれは会社がタダでくれるわけじゃなく、会社にお金を払って買うのだそうです。生保会社の名前入りだと、もらった側も軽く見て感謝されない。だから、社名の入ってないものがほしいと。ここでハッと思いましたね。これはいけると。そこでタオルとかおしぼりとか、いろいろな小物の粗品を車に積んで、安田生命や日本生命などを回りました。これは結構注文がとれましたね。

今でも笑ってしまいますが、その時の会社の名前が〝躍進商会〟。その時の、私の三〇歳の思いが会社名に表れとった。まあ単純だったんですねえ」。

躍進商会は表面的には売上は上がっていた。しかし、なぜか金がない。タオルなどは一〇〇枚、五〇〇枚単位と段ボール箱で仕入れるが、実際の注文は五〇枚、一一〇枚という端数。今月は五〇五枚売れたと思ったら、在庫が四九五枚とロスが必ず発生。結局、資金繰りがつかなくなり数カ月で辞めることに。脱サラ初年度で立て続けに三回も失敗した。

## 結婚式司会業へ転身。

「こんなふうに、素人商売スッテンテン。カアちゃんが貯めとった一〇〇万円も使い果たし、借家に住んで電話一本だけで金はない。実家にも頼れないし不安は募る一方。毎日、途方に暮れました」。

当時、二歳とゼロ歳の子供が二人。妻の美世子は家計の足しにと、朝四時に起きてヤクルトの販売をし、生活も徹底的に倹約。食事は下関の市場で拾ったサバを三匹一〇〇円で調達したり、野菜クズで間に合わせたりした。

「その頃、北九州のニュー田川というホテルで、素晴らしい結婚式を偶然目にしました。司会者は荒木さんというバンケットサービスの社長で、そのトークや演出ぶりが凄かったんです。私は感動し、これが天職かも知れないと、お願いして弟子入りしました。

一方では、〝これは設備も仕入れもいらんな。口から出まかせ言っとったら金が入ってくりゃせんか〟とも思いました。ただ、食えなかったから、ワラにもすがる思いだったですねえ」。

矢頭は弟子入りしてカバン持ちをし、祝電を読ませてもらうことからスタート。徐々に司会の仕方を覚え、結婚式に加えて葬式の司会もやるようになる。

## 健康食品との出逢い。

「司会の仕事はおもしろかった。でも、稼ぐ月で三〇万円。五千円とか二千円のチップもあったが、結婚式がシーズンオフになる夏場は八万円程度で、これだけでは食えない。何とかしなければと、余った時間にできる飯の種は何かないかと思っていた時、自宅にクロレラの訪問販売=歩合セールス募集のチラシが入ってました。見ると、勤務時間は自由。子供も食わせないといけないし、よし、やってやろうと思いました」。

こうして矢頭は健康食品と出逢い、セールスにのめり込んでいく。学生時代にピアノや大和ハウスの飛び込み営業をやっていたので、違和感はなかった。そして、成績を徐々に上げ、業績を上げた矢頭を、ある日メーカーの社長が訪ねる。

「矢頭、よくやっているな。でも、もっと売上を上げる方法を教えようか。客を訪問した時に、クロレラの瓶の蓋を開けるんだよ。そして、いらないと言われたら、〝もう開けたから、買って貰わないと困る〟。これでもっと売れるぞ」。

しかし、誠実な矢頭は「これはまずい。こんな売り方をするメーカーの商品は売れない」と、クロレラ業界を改めて調べた。すると、当時矢頭が扱っていたクロレラは同業他社の二倍もし、売り方も悪徳。これは駄目だと、約二〇社のクロレラ業者のカタログを取り寄せ、当時、一番誠実で商品も良いと思った京都のサン・クロレラを訪ねた。

「代理店をやらせて欲しい」。しかし、サン・クロレラは直販しかしないので、商品は卸せないと断られる。それでも矢頭はフェリーで三回も京都に通い、熱意を訴えた。結局、根負けしたサン・クロレラの社長は特別に商品を卸してくれた。

## 「俺は商売の天才だ!」

こうして昭和五一年、営業エリアが空いていた福岡県飯塚市へ移転。「クロレラ　サン福岡」をスタートする。矢頭が三二歳の時だ。チラシを撒いて、興味のあったお客さんを訪問して販売する。当時はクロレラブームだったこともあり、事業は順調に拡大した。

「始めて数カ月目には、給与以外に毎月現金で一〇〇万円以上が残った。やったと思いましたね。自分で言うのも変ですが、私は誠実なんです。

当時から、訪問販売では悪徳業者が横行してましたが、私は押し売りはしないし、返品も受け付けた。まさに天職だと思いましたね」。

翌年にはサン・クロレラの九州総代理店となり、その後三年で九州全域に一二店の代理店を構築。社員約三〇名、年商四億五千万円と、脱サラとしては大成功を納める。

「この頃は、〝俺は商売の天才だ〟と思っていましたね。毎週毎週、キャバレーにも通いました」。しかし、好事魔多し。昭和五七年、メーカーのサン・クロレラが直接、九州に営業所を開設したため、矢頭は商品を別のメーカーへ変える。

ところが翌年、そのメーカーが放漫経営で倒産。矢頭は不渡り手形を喰らい、仕入れ商品を失う。次の商品が見つからず、売る商品がない。しかし、営業所や社員の固定費等で、毎月数百万円単位でドンドン金がなくなる。焦った矢頭は、健康食品とは全く無縁の商品にも、次々に手を出した。しかし、どれもうまくいかない。そしてある時、知人から「お前のところの社員は、お前がいない時にはヒソヒソ話をしていて、とても商売に身が入っていないぞ」と忠告されて目が覚める。税理士からも倒産した方がいいのではと言われた。

悩みに悩んだ挙げ句、矢頭は事業を一旦、整理することを決断する。妻の美世子がパン屋の副業で貯えていた約二千万円を放出し、個人財産や土地も売却処分。かつ、二二〇〇万円の借金をして、全従業員に一〇〇万円ずつの退職金を払った。事実上の解散。脱サラをして一〇年目。矢頭、四〇歳の時だった。

## 「お前は今まで何をしてきたのか？」

一時は三〇名ほどの所帯も、再スタートは夫婦で八坪の事務所。給与も手取り一〇万円になった。

「でも、誰にも迷惑はかけなかったし、心はさわやかでした。夫も、それまでの仕事中心から家庭サービスを大切にするようになりました。お金はなかったけど、ある意味では一番幸せを感じた時期でしたね」（妻の美世子・現やずや社長）。

あしたば、ヨモギ、タヒボ等の健康食品を細々と通信販売しながら、週末は結婚式の司会業を兼務。しかし、健康食品で大打撃を受けた矢頭は社名も「矢頭結婚デザイン事務所」とし、表向きの本業は徐々に司会業に戻っていった。

手がけた結婚式は約八三〇組にもなったが、年商もかつての一〇分の一になり、「これでいいのか」という悶々《もんもん》とした時期が三年ほど続いていた。

昭和六三年、中小企業の勉強会である福岡県中小企業家同友会に入会し、三カ月後に開かれた経営計画セミナーに出席。そこで、当時の講師、キューサイ（株）の長谷川社長に出会う。

矢頭は当時四四歳。まだまだ若いと思っていた。とりあえず司会業と健康食品をやっていたが、ホカ弁もいいいし、イベント業も面白そう。いきいきと仕事をする周りの人が羨ましく、他に何か出来ることはないかと、フラフラしていた。

「矢頭さん、あんたの天職は何かね？」。

「うーん、いろいろあって、わかりません」。

「何が出来るのか？

何が得意なのか？

矢頭さん。あんたは今まで何をやってきたのか？

お前ができることで、何が客の役に立つのか？」。

ボーリング場やパブのマネージャーもやったが、どれも二年と続いていない。飲食業にも興味があったが、カクテル一つや料理もできない。

いろいろ考えたが、現実にできるのは司会業と健康食品の二つしかないと気づいた。

「じゃあ、その二つのうちのどちらかに早く決めなね。どっちがやりたいんだ？」。

「司会業は人に喜ばれるし、華やかでカッコイイですし、結婚式の司会業ですかね」。

「しかし、それは会社ではなく、あんたに頼みに来るんやね。矢頭宣男という個人の仕事だね。ということは、あんたが病気になったら収入はないよね。死んだら終わりよね。それよりも、何で健康食品を天職と思わないのか？」。

ちょうどその頃、長谷川は「マズイ！　もう一杯」の青汁《あおじる》を立ち上げているところだった。

「いや、健康食品は恥ずかしい。詐欺的商法で何か胡散《うさん》臭いし、大きくなっても社会的に認められない。もう、辞めたいと思っています」。

「何言うか。俺は今、青汁という商品をやってるけど、誰に対しても恥ずかしくないぞ。俺は自信を持ってこの商品を売っている。

誰に対しても恥ずかしくない商品を何でやらないのか。お前、それしかないじゃないか。それしか役に立たない人間じゃないか！」。

「そう言われた時に、バチーと体が破れるように電流が走り、ああ、これしかない、人生が決まったと思いました。やっぱり俺は健康食品しかない。もう一度、やり直そうと決意しました」。

セミナー終了後、矢頭は妻の美世子に「今まで自分の生き方がわからず、ブラブラして苦労ばかりかけた。すまなかった」と泣いて頭を下げた。

## 通信販売に特化し、ついにヒット。

それから矢頭は、同友会で習った経営計画書を作成。それまで六千万円だった年商を、一年後に二億円にすると内外に発表した。

同時に社名を「やずや」に改名して司会業を廃業。過去の失敗を教訓に①拠点は一つで営業所は作らない（管理の難しさを学ぶ）②女性中心の職場にする（矢頭がやさしい性格のため）③訪販から通

信販売へ移行（少人数でできる）を決意。再度、あしたば等健康食品の通信販売に絞った。

商品の説明と自分の想いを書いたチラシをポスティング。まずは無料サンプルで試して貰い、気に入った人にだけ購入してもらった。その後は訪問販売はもちろん、売り込みの電話も一切せず、お礼の手紙や会報できめ細かなフォローを継続した。

結果は公約通り、一年後に年商約二億円を達成。その後、ある人からの「他人様の商品は所詮、他人様の心。これからは、自分で企画開発して自分の想いを伝えたらどうか」のハガキで開眼。一九九二年に初のオリジナル商品、飲みやすく携帯に便利な粉末状の「養生青汁」を生み出した。

そして一九九七年の「家伝にんにく卵黄」、一九九八年に出した「やずやの香醋」が大ヒット。再起から一〇年余りで年商は一〇〇億円を突破した。

この間、一九九五年から一九九九年までは約二五〇〇社を束ねる福岡県中小企業家同友会の代表理事も兼務。福岡・九州はもちろん、全国の中小企業経営者にも、多大な影響を残した。

## 天からの一通の手紙。

転職を繰り返し、脱サラも一年で立て続けに失敗し、仕方なく健康食品の世界へ入った矢頭。

しかし、ミシンやピアノ、住宅やクロレラで営業センスを磨き、パブ支配人時代の経験は女性中心の職場作りに役立ち、司会のトークは通販の電話応対に活かされ、結婚式の演出は感動を呼ぶ通販チラシのコピーライティングに結びついた。

失敗だと思っていた過去の経験は、全てプラスに転じたのだ。

「人は誰でも、天から一通の手紙を授かっている。そこには、その人の天職が書かれている。それを開く時が、いつかは必ず来ます」。

生前、矢頭が好んでいた言葉であるが、矢頭がその手紙を開いたのは四四歳の時。結婚して一〇年で一二回の転居をし、二〇代から四〇代前半までは、年賀状の住所や肩書が毎年変わっていた。

「大企業にキチンと勤めている友人に比べると、私は根無し草のような人生で恥ずかしかった。でも、私を含め、学生時代や二〇代で自分の天職がわかる人は少ないと思う。だから、チャレンジを積み重ね、失敗して初めて気づくんじゃないかな。だから、チャレンジしてこけた人を笑ってはいけない。人生は、まさに七転び八起きですから」。

矢頭は一九九九年六月、脳溢血で急逝した。中小企業の場合、創業者が亡くなると業績は悪化するのが普通だが、「やずや」は一九九九年の年商三二億が二〇〇二年には一四一億と大躍進。二〇〇三年には九州で数少ない二〇〇億企業となった。

「財を残すは下、事業を残すは中、人を残すは上、感動を残すは最上」という言葉がある。

矢頭は晩年の一三年間、毎年約一〇〇ページにも上る経営計画書を書き記した。それは現社長である妻の美世子と社員に引き継がれ、今も毎日の朝礼では全社員が一ページずつ読んでいる。

それは、まさに矢頭が家族と社員に残したバイブルであり、天からの一通の手紙に他ならない。

# 第六章

# バカは経営危機に学ぶ

脱サラ当初の失敗を乗り越え、経営が順調に行っても、常に順風満帆《じゅんぷうまんぱん》ということはありません。特に今の時代は環境が目まぐるしく変わり、何が起こるかわかりません。

佐賀トップクラスの中古車販売店「カーライフ550」の池田社長は、暴走族出身ながら車のブローカーで成功。しかし、調子に乗って博打や女遊びにのめり込み、気がつくと借金は一億円に。同じ頃に子供も病気で失い、どん底に落ちます。

追い込まれた池田さんは、佐賀のコンサルタントであるタケナカコーポレーションの竹中さんに相談。ランチェスター経営の竹田社長が開発した「地域戦略」と「顧客戦略」を実践し、商品も五～五〇万円の車種に限定。オイル交換三年間無料等のサービス体制が支持され、低価格中古車で圧倒的な販売店に生まれ変わりました。

「梅の花」の梅野社長は、独立五年でカニ料理の店を五店舗にまで広げました。しかし、六店目のカニバイキング店に失敗。その後もメニューや外装を五回変えましたが、客足は遠のくばかりで窮地に。経済的、精神的にも追い込まれ、霊媒師や超能力にもはまりましたが、当然効果はありません。そんなある日、寺の修行を終えた梅野さんは、寺の入り口に書かれた言葉にハッとします。「人に感謝　物に感謝」。

「チェーン展開の段階で〝職人抜き＝料理の手抜き〟と考え、客や社員も自分の儲けの手段と勘違いしていた。若くして成功し、創業時から世話になった人への感謝も忘れていた。まさに生き方の原点に気づいたんです」（梅野社長）。それからは周りの意見も謙虚に聞き、全国の繁盛店を視察。創業一〇年目に現在の「梅の花」の業態開発に成功しました。

同じ飲食店では、関東で居酒屋の「和民《わたみ》」を展開する一部上場企業「ワタミフードサービス」も、やはり創業一〇年目頃に危機を経験。当初はつぼ八《はち》の加盟店として大成功し、お好み焼きの宅配店も十数店展開します。しかし、バブル崩壊後にお好み焼きの注文が激減し、新たに出した独自業態の「和民」も大苦戦。運良く、つぼ八創業者の石井氏に指導を仰ぎ、マニュアルの改革で窮地を脱しています。

福岡都心部で洋服のリフォームを展開する「スコッツ」の下田社長は、当初、高級紳士服のテーラーで独立。しかし、三店目の出店に失敗し、高利の街金《まちきん》からの借金が六千万円にまで拡大。テーラー店を閉めてリフォーム業に転じ、朝三時から夜中までミシンを踏む生活が三年以上続いたそうです。そして借金は一〇年で返済。今では「クイックリフォーム」の店名で、関東・横浜地区にもチェーン展開しています。

繁盛する店舗デザインで定評のある「リードクリエーション」。福泉社長は勤務先の倒産で独立しますが、順調に行っていた七年目に提携先の工務店と仲間割れ。仕事が三分の一に激減するどん底の状態が一年間続きました。そして、前述の「カーライフ550」

の池田社長と同じく、ランチェスター経営の「顧客戦略」を実践。会った人には必ず葉書を出し、デザインした店の開業記念日には毎年お祝いを届けるようになります。また、独立開業を目指す人向けに「繁盛店の作り方」という冊子を配ったり、経営戦略の勉強会も開催。単なる店舗デザインの領域を超え、店の販売促進指導までも手がける存在になっています。

福岡で若者に人気のダイビングスクール「オーシャン・ビュー」を経営する大堀社長は、独立五年間は毎年順調に売上を伸ばしました。しかし、六年目に営業部門を任せていた優秀な幹部社員が辞め、翌年は前年対比で五〇パーセント減の大ピンチに。次の人材育成や資金繰りにも苦しみ、夜も眠れずに寝汗をかく日々が二年間続きました。

追い込まれた大堀さんは、京セラ稲盛氏やランチェスター経営・仏教経営学のM&Uスクール・梅谷氏の元で勉強。熟慮の末に「沖縄ダイビング無料招待+ライセンス取得コース」という、ヒット商品を生み出し、社員の育成にも成功しました。二〇〇一年からは顧客も倍増し、売上も二ケタ台の成長に転じています。

まさに逆境は目覚めるチャンス。経営危機は、天が与えてくれる恵みの雨なのです。

# 「不渡り一〇分前。あの時は倒産も覚悟した」

家事手伝い→大学一年で宅建取得→大京で営業二年→二四歳で姉と二人で起業

福岡最大級の不動産会社
**鳥飼《とりかい》ハウジンググループ**
代表取締役　井口忠美《いのぐちただみ》

福岡を代表する不動産会社「鳥飼ハウジング」。市内アチコチにある自社ビルには、壁に大きなゴリラがぶら下がっていることでも有名だ。

創業は昭和五〇年だが、今や年商は約七〇億円と地場トップクラスに躍進した。賃貸や売買の仲介は市内四店舗で手がけ、賃貸管理戸数は一万戸を超える。また、自社ビルも約四〇棟保有し、賃ビル経営でも隠れた大手である。

二〇〇〇年には創業二五周年を迎え、一戸建て住宅やリフォーム事業にも進出。一九九七年には、東京永田町に迎賓館《げいひんかん》「九州倶楽部」を開設し、政財界・文化界の交流を促進している。二〇〇二年には一四階建ての自社ビルを建設。ここを拠点に、全国へ飛び回る毎日だ。

## 実家は菓子屋。子供の頃から働きづめ。

井口は昭和二五年生まれ。実家は飴などの菓子製造業で、生まれた時から工場の中で育った。中小零細企業だったので、家族総出で飴を袋やリンゴ箱に詰め込む毎日。井口も学校が終わると手伝った。配達や集金の手伝いもしたが、子供だと舐《な》められ、なかなか払ってくれない。商売の難しさ、真剣さを子供心に痛感した。

父は菓子製造の傍ら、小さなアパートも経営していた。こちらも井口は集金を任されたが、この頃から不動産に興味を持つ。「不動産に同じ物件はないし、様々な入居者に会える。これは楽しい商売だと思いましたね」。

福岡大学に入った頃には、将来は不動産業で独立することを決意。大学一年の時には宅地建物取引主任者の資格を取り、様々なアルバイトをこなした。

生まれながらに、毎日休みなく働く両親家族を見ていたからか、「学生時代から働くことが自分の習性だった」という。

## 大京観光に入社。モーレツな仕事。

大学を卒業後、まずは修行とモーレツ営業で有名だった大京観光（現在の大京）へ入社。井口は大分・国東《くにさき》半島の別荘の販売を担当する。配属は福岡支店だったが、福岡市内から国東は遠い。販売ターゲットを北九州市内の人に絞り、朝礼が終わったら汽車に乗って小倉へ向かい、帰りは夜一〇時四〇分の最終という日々。

当時、大京はモーレツ営業で伸びていた。様々な名簿を元に、多い時は一日二〇〇～三〇〇件に電話。部署によっては、電話機にテープで腕をくくりつけるようなことも。ところが、井口を含め、営業マンが考えることは皆同じ。駅前の医者など、社内でお客がバッティングする事も多かった。「朝から晩まで、同じ大京の営業マンから電話がかかってくる」と、お客からクレームがあり、警察が来たこともあった。

ある営業マンなどは、お客をまず料理屋に連れていって腹一杯にし、郊外の別荘地に案内。そこで契約が貰えなければほったらかしにするという脅しまがいの営業もやっていた。

営業マンの行動チェックも厳しかった。当時は携帯電話もない時代。営業所に電話を入れ、一旦切って折り返しの電話を貰う。つまり、どこにいるかを常にチェックされていたのだ。

こういう経験を二年間したが「厳しかったが、大変な勉強になりました」。

## 二四歳で独立。初受注は二五〇〇円。

井口は二四歳の時、姉と二人で独立する。しかし、金も物件も全くのゼロの状態。まずは賃貸管理からスタートしようと、朝や夜に他の不動産会社が貼りだしている物件をメモ。家主の自宅を一件一件訪問し、賃貸仲介や管理をさせてほしいとお願いに廻った。初受注は家賃五千円の物件。貸間の屋根裏のようなアパートの一室だったが、そこに借家人を紹介し、家賃の半分二五〇〇円を仲介手数料として貰った。

「まさにあれが原点ですねえ。ものすごく嬉しかった。今でもたまに、夢に出てきます。初心忘るべからずですねえ。小さなお客さんを大事にすることが大事です。

バブル時代は、学生さんでも七万円～一〇万円のマンションに住むということが多かったがバブル崩壊後は親御さんの負担も大きくなり、家賃相場は下落。福岡では、家賃三万円台の物件もたくさんあります。でも、そういう小さなお客さんを大事にしようと、常に社員には言っています」。

設立当時は、姉が店舗の中で電話や事務を担当し、井口が物件案内などの外回り担当。しかし、井口のあまりの若さに、お客から「あんた、預かった敷金を使わないだろうねぇ。大丈夫かねぇ。息子と同い年だし、心配だねぇ」とよく言われたという。

## 創業六年目に倒産の危機。

不動産業界は浮き沈みが激しく、井口が創業した当時の同業他社は、そのほとんどが残っていない。管理や仲介には金がかからないが、金額の張る売買で失敗するケースが多いからだ。

「あれは創業六年目頃でした。資金繰りに余裕がないのに売買に手を出し、お客さんから入金予定の日に入金がない。時間は銀行が閉まる三時一〇分前。こちらは小切手を振り出していて、このままだと不渡りになる。あの時は倒産も覚悟しましたね。終わったなと。幸い、ある銀行の支店長に頼み込み、緊急融資して貰って助かりました」。

この一件以来、井口は銀行の大切さを知る。そして、賃貸や管理で徐々に力をつけながら、良い物件を少しずつ自社資産として増やしていった。今や自社保有ビルは四〇棟を超え、余裕資金もあ

いる。

る。資金繰りにも困っていない。しかし、盆暮れ正月はもちろん、銀行には頻繁に挨拶回りをしている。

「企業には良い時もあれば悪い時もある。銀行との力関係も、こちらが有利な時もあれば不利な時もある。余裕がある時は、ついつい銀行に横柄《おうへい》な態度をとってしまうが、この驕《おご》りが恐い。自分を戒《いまし》めるためにも、銀行への挨拶回りは欠かせません。信用の積み重ねが一番大事だと思います」。

## 毎朝、頭のチャンネルを変える。

安定収入の柱はアパート・マンション等の賃貸仲介・管理だが、バブル崩壊後は中古物件の売買を積極的に伸ばした。全国の不動産会社約一七〇社と提携。これはという中古住宅・マンション・ビルなどを購入し、リフォームして売却。平均して、一日に一件は売買しているという。自社物件は、全国の一〇〇万都市すべてにある。

「毎朝起きると、日替わりで頭の中をガチャンガチャンと切り替えます。昨日は東京、今日は福岡、明日は仙台……というように。全国で売買、自社物件を保有してますからね。これが頭の体操には実に良い。九州に居て福岡を見るのと、東京から福岡を見るのでは全然違う。先を見通す感覚を養うためにも、月に一度は東京を訪れたいですね」。

バブル崩壊の時も、その動向をいち早く東京で察知。不良債権・物件はほとんど抱えていない。

## 「出会い」は財産。

二四歳で起業し、一代で地場業界トップクラスにまで築き上げた秘訣《ひけつ》は何だろうか。

「とにかく不動産業が好きで、仕事が辛かった記憶もありません。不動産・住宅産業をサービス産業と捉え、住み良い住宅の提供を一所懸命にやってきただけです。ただ、あえて秘訣めいたものを上げるとしたら、それは〝出会い〟ですかね。多くの人と出会い、沢山のことを学ばせていただきました。それが私の財産であり、会社の経営にも大きく役立っています」。

井口は現在、九州・山口経済連合会、福岡経済同友会、ロータリークラブ、福岡商工会議所、九州経済フォーラム等約五〇の団体に加盟。毎月五〇～六〇件、多いときは一日に三～四件の会合に顔を出す。時には、学生や女性、ITベンチャーの会合にも顔を出し、まさに「会合あるところに井口あり」である。

一九九七年には、東京・永田町に自社ビルである迎賓館「九州倶楽部」を開設。自ら、出会いと交流を演出する場をつくった。豪華なサロンの他、格安で宿泊もできる本格的な施設だ。現在、九州出身の政財官・文化・スポーツ界の約五〇〇人が会員となり、東京での貴重な社交場となっている。

「ＩＴ時代になっても、直接人と会い、話すことに勝るコミュニケーションはありません。今の時代も、ビジネスに成功する一番の近道は、出会いのチャンスを増やすことだと思います。

それと、出会いで大事なのは、相手が調子が良いときも悪いときも、同じスタンスでつき合うこと。その人が調子が良いときだけでなく、悪いとき、苦しいときも変わらぬ接し方をし、自分ができることは極力お手伝いする。もちろん、ビジネスの見返りは考えずにです。本当の人間関係は、そうやって築かれていくのではないでしょうか」。

## 実るほど、頭《こうべ》を垂れる稲穂かな。

井口はこの数年、年賀状の代わりとして、敬愛する松下幸之助のカレンダーを送っている。〝悩みあるところに改善点あり〟〝不況もまた良しと考える〟等の訓示が入った特注品だ。

井口は、この業界にありがちなヤリ手臭さを全く感じさせない。いつもまゆ毛が下がった穏和な笑顔で、どんな場所、どんな人にも頭を下げて挨拶しまくる。「いつも有り難うございます。お陰様です」と。

普通は、年商七〇億にまでなれば、成功者としての面構えも出てくるのだが、井口にはそんなそぶりは全くない。まさに「〃実るほど、頭を垂れる稲穂かな〃を地で行く人」（石村萬盛堂・石村社長）だ。

「二四歳で何もわからぬままに独立して二八年。まさに、お客さんを始めとして、今まで出会った人のお陰です。自分一人で成し遂げた事なんて何もない。それを常に忘れてはならない。社員にも常にそう言ってます。毎年、それを忘れないためにも、感謝を地で行って成功された、松下幸之助さんのカレンダーを送っているのです」。

数年前より新卒採用にも力を入れ始め、今では毎年約二千人の学生が応募。「鳥飼ハウジング」は地元企業の人気ランキングでも上位に位置するようになった。

「この業界はまだまだ近代化も遅れ、人の定着もよくありません。でも、だからこそチャンスがあるのです。私も二四歳で起業して、家主やオーナーさんや様々な人に助けられました。今度は私がお返しする番。今後は社会貢献にも力を入れ、明日の不動産業界を担う人を沢山育てたいですね」。

# 廃業の危機克服、若手No.1の美容外科医へ

昭和三九年鳥取県生まれ↓鳥取大学医学部卒↓大学付属病院↓大手美容外科勤務↓二九歳で独立

日本有数の美容外科グループ
聖心《せいしん》美容外科
総院長　山川雅之《やまかわまさゆき》

「聖心美容外科」は日本有数の美容外科。創業は一九九三年だが、既に福岡・東京・大阪・名古屋・広島にチェーン展開。ネット関連や予防医学の研究など、関連会社を含めた年商は三〇億円を超える。

総院長の山川は二五歳で院長、二九歳で開業、三五歳で五店舗経営と業界最年少記録を塗り替えてきた人物。自らの手術症例も三万件を超え、遅れた美容外科の業界に新風を吹かせている。「聖心」は脂肪吸引や豊胸術等の大きな手術に強く、来院者の約五割は紹介やリピーターで占める。

山川自身、二〇〇三年の春に発表された〇二年度の高額所得者ランキングで医者としては日本一、全分野でも全国第一七位となった。マスコミは「プチ整形のブーム」とこぞって報道したが、もちろん、山川が単にブームに乗ったわけではない。文字通り、血のにじむような努力の成果があったからだ。

## 集中力の学生時代。

山川は一九六四年、鳥取県米子市に生まれる。家は地元の小さな空調関係の設備業。零細企業の宿命で、商売が良い時も悪い時もある。風呂もトイレもない借家時代もあったが、両親は山川が小さい頃から図鑑や顕微鏡を与え、ピアノやスキースクールにも通わせた。

「両親は教育熱心でした。自分達と同じような商売人の苦労はさせたくないと、僕には公務員や医者の道を期待してました。でも、僕自身は漠然とですが、何となく商売的なことをしたいなと思ってました」。

中学時代は学級委員やテニス部再建に奔走。テニス部では部長として落ちこぼれの生徒をまとめ、県の総体で優勝するほどに。「人の潜在能力を引き出し、与えられた環境で結果を出す。これがリーダーシップだと学びましたね」。

高校の時、初めて東京に行く。米子時代、五階建て以上のものを見たことがなかった山川は、見るもの全てに驚いた。それからは夏休みや冬休みになると東京や京都に行き、「いつか、大きな舞台で仕事をしたいと思いました」。

大学は国立の鳥取大学へ進む。「東京の大学に行きたかったのですが、当時は家の商売が苦しかったようで、自宅から通えるところにしてくれと懇願された」。

医学部には、高校時代に理系だったというだけで入学。最初は血を見るのも嫌だったが、徐々に慣れたという。解剖実習では今日は指、明日は足などと、一つの死体を少しずつ数カ月かけて分解。「さすがにその間は焼き肉が食えなかった」。

学外ではヨット部に所属。これがのちの経営に役立ったという。

「ヨットレースはまさに自然との闘い。風や波や潮流を計算し、船体を操って先を競う。しかし、風向きが突然変わったり、何が起こるかわからない。これは経営と同じです。

よく、〝風が味方して運が良かった〟などと言いますが、強い人は安定して強い。次々に起こる変化を瞬時に判断し、チャンスに変えています。

変化＝運を天に任せるのでなく、いかに運をコントロールするか。これをヨットで学びました」。

授業には殆ど出なかったが、試験前には集中して勉強した。ダンボール一杯の授業ノートコピーを前に、一日一五時間の勉強を二カ月半。これでいつも成績は校内ベスト5だった。

## 連続八四時間勤務の救急病院時代。

学部を卒業後は、研修医として鳥取大学付属病院に勤める。ここでは主に救急医療を担当した。連日、交通事故や重症の患者が運び込まれ、生死を争う危篤患者をいかに救うかが仕事。六カ月で三〇人の死亡診断書を書き、ピーク時は連続八四時間＝三日半寝ずの勤務も経験。持ち場を離れる時も病院から五分以内の移動のみ。二四時間三六五日のハードワークを二年間過ごした。

医者の限界を感じる衝撃的な経験もする。ある日、意識不明で重体の浮浪者がかつぎ込まれ、山川は徹夜で懸命に蘇生治療。患者は一命を取り留め、意識も回復する。医者が自分の職業に使命と誇りを持つ瞬間だ。

しかし、患者はまだ人工呼吸器を付けているので喋れない。そこで山川は五〇音の文字ボードを患者に差し出す。ところが、患者が震える手で一つ一つ示した文字は「こ、ろ、し、て、く、れ」。

「今でも延命治療には賛否両論がありますが、あの時は真剣に悩みましたね。自分が良かれと思ってしたことが、逆に患者に苦しみを与えることもある。初めて、医療とは何かを考えました」。

## 美容外科への目覚め。

激務の合間の当直の夜、山川は高校生の頃の夢を思い出す。「大きな舞台で自由にやりたい」。

通常の医者の世界は狭い。担当教授や出身学校による派閥や序列があり、所属する医師会は上下関係が厳しいピラミッド構造。また、現状の保険診療は構造的な限界もあり、将来性に疑問を抱くようになる。

「一〇年後の自分を考え、本当に自分がやりたいことができるのかと自問自答しました。もっと自由に、世の中を変えるような仕事をしたい。その結論が、自由診療の美容外科への転身です」。

現在は東大にも美容外科が設置され、美容外科に関するテレビ番組も毎週のように放送されている。しかし、一〇年前の当時は、病気やケガを治す内科や外科等に比べて美容外科に対する世間の評価は低く、医師の間でも、〝あれは何か問題がある医者がやること。医療ではない〟という偏見が強かった。

「一〇年前、既にアメリカや韓国では美容外科医はステイタスが高く、そのうち日本も変わると思いました。また、美に対するニーズはあるのに、既存の美容外科業界が遅れている。このイメージを変えたい。

それに、この業界にはエリートや優秀な医師は少ない。出身大学も親の力も関係ない。自由診療だから実力次第。大きな可能性を感じました」。

相談に行った担当教授からは「お前は成績もいいし、手術の腕もうまい。大学病院でもエリートコースを歩んでいるんだから、そんな馬鹿な事はやめろ」と言われたが、山川は夢に賭けた。

## 休日返上で手術を見学。

山川は医師専門雑誌で求人情報を調べ、当時、業界最大手だった美容外科に転職。勤務は週休二日制だったが、山川は休日返上で出勤した。

「休みなしの救急病院に比べると楽でした。夜勤はないし、週休二日。でも早く仕事は覚えたい。休日出勤し、院長の手術を見学しました」。

こうして急速に技術を身につけた山川は、二五歳の時に鹿児島院長、二七歳で福岡院長となる。いずれも、当時では業界最年少記録だ。

そんなある日、山川にスカウトの電話が入る。当時、業界二位で急速に伸びていた美容外科チェーンの院長からだった。「今の一・五倍の給与を払うからうちに来ないか？」

美容外科の世界では、引き抜きは日常茶飯事。特に、山川が勤めていた医院には優秀な医師が集まっていたため、他の医院からは多くの誘いがあった。

しかし、四時間ほどの電話説得の後、相手の院長は言った。

「君は人に使われるのではなく、自分でやるタイプだね」。

「そうか、僕はもうそんな時期なんだと、初めて独立という文字が浮かびました」。

## 決意後半年で開業。爪も生えないほどのストレス。

独立を決意したが、医者は世間を知らない。手術の腕前と経営は全くの別物だ。他の業界のやり方も勉強しようと、山川は様々なセミナーや異業種交流会へ顔を出すようになる。

そして、経営の書物も読み、独立のシミュレーションもいろいろ考えた。

医院の開業には、ビル保証金や店舗内装等で数千万円はかかる。当時の自己資金は五〇〇万円のみ。山川は融資を得ようと事業計画書五枚を作り、飛び込みで住友銀行と第一勧銀に行った。しかし、住友銀行は窓口で断られ、第一勧銀は融資担当から「面白いですねえ。でも、担保もないんじゃ無理ですよ」と鼻で笑われた。

「銀行とは、行けばお金を貸してくれる場所だと思っていました。全く世間知らずでしたね」。

結局、田舎の父親に頼み、実家を担保に米子の信用組合から二千万円を借り入れ。それを担保に国金等から二千万円かき集め、合計で四五〇〇万円を調達。独立を考えてから、わずか半年で福岡・天神のテナントビルに医院を構えた。

しかし、資金の大半は医院開設費用に消え、開業時の運転資金は残りわずか二カ月分。

「腕に自信はあったんですが、もし、駄目だったら実家は取られ、借金まみれになる。相当なストレスがあったのか、その頃は手の爪が生えてこなかったですね」。

口コミが期待できない美容外科は、広告が集客の生命線。しかし、同業の大手チェーン医院のように、テレビCMや有名雑誌に載せる余裕はない。ローカルタウン誌にも地元の競合医院がひしめき、普通の広告では差別化ができない。そこで山川は、一か八かの勝負に出た。

それまでの美容外科の広告は術前・術後の写真が中心だったが、山川は自分の信念を手紙風にして訴えた。「美容外科は魔法ではありません。痛みや腫《は》れもあります」「カウンセリングを通じて、医師を逆に選びましょう」……etc。

イメージ広告が溢れる中で「聖心」の意見広告は異彩を放ち、開業二カ月目から黒字に転じた。

また、当時は客の足元を見て料金を決める医院が多かったが、山川は手術料金を公開。手術方法やデメリットなども詳しく情報提供し、カウンセリングや相談のみの来院者も大切にした。アフターケアにも力を入れ、他院のトラブル患者も積極的に受け入れた。

医療の世界では、しばしばインフォームド・コンセント（医師からの充分な情報提供と受診者の同意）が問題になる。特に美容外科はイメージが先行し、不安を抱えた受診者も多い。「聖心」の積極的な情報公開と手術レベルの高さは同業者にも評価され、この世界では珍しく、口コミや紹介者も相次ぐようになる。

こうして開業三年目には九州No・1の美容外科に成長。診療姿勢に共感する医師も多数集まり、七年で広島・東京・大阪・名古屋に開業した。数年以内に横浜、仙台、札幌への開設も計画している。

## 手術中に大ケガ。医師不在の大ピンチ。

もちろん、今まで全てが順風満帆ではない。福岡と広島の二院体制だった開業四年目、事故で腕の腱を六本切る重傷を負って入院。利き腕ではなかったが、仕事＝手術が全くできなくなった。直後に相棒の医師も退職し、医師不在の状況に追い込まれる。不安を感じた看護婦も、相前後して全員が退職した。まさに絶体絶命のピンチだ。

幸い一カ月で退院したが、新しい医師の採用には半年から一年はかかる。一時は廃業も考えたが、

「やれるところまでやってみよう」と午前中は広島、午後は福岡という体制を組み、一人で二つの医院を一年間廻した。結果は、医師二人体制の時よりも診療報酬が増え、難局を乗り切った。

「やはり、不眠不休の救急医療経験があったからです。でも、自信もつきましたが、一人の限界もわかりました。あの経験以降は経営者としての意識にも芽生え、徐々に人に任すマネージメントが出来るようになりました。文字通り、怪我の功名ですね」。

現在は医師一二人体制で、職員も総勢約一〇〇名。後発ながら規模・質共に全国トップクラスの美容外科と言われるようになった。

二〇〇〇年にはバイオベンチャー分野にもチャレンジ。ネットによるDNA鑑定で糖尿病や心臓病等の危険性を予測する予防医学も研究中だ。まだ試験段階で市場規模は未知数だが、「健康食品と同じく、潜在ニーズはかなりある。しかし、この予防医学は保険が利かない自由診療で、民間企業並のサービスや営業力が求められる。現在は開店休業状態ですが、常に新しいチャレンジを続けたいですね」。

山川は独立前、様々な脱サラセミナーに参加した。その中で一番印象に残ったのは、創業開発研究所の小久保代表が言った次の言葉だ。

「独立や新規事業を考える人の九〇パーセントは成功しない。それは、九〇パーセントの人は最終的に何もしないから。チャレンジ無くして成功はない」。

チャレンジにはリスクも多いが、成功するためには、まずは一〇パーセントのやる人になること。

一歩踏み出すだけで、可能性は一〇倍になるのだ。

# 自棄《ヤケ》になった三年目、妻の一喝が危機を救った

七歳で島に移住→中学卒業→農業に従事→三五歳でテーマパーク開業→四五歳で軌道に

毎年二〇万人を集客する自然植物園
**のこのしまアイランドパーク**
創業者　久保田耕作《こうさく》

福岡市内から船で一〇分。博多湾に浮かぶ能古島に、毎年約二〇万人が訪れるテーマパークがある。と言っても、ジェットコースターも観覧車もない。木や花や緑があり、寝ころべる芝生があるだけ。しかし、園内は季節ごとに七色の花が咲き乱れ、海をバッ

クにした景観は秀逸だ。特に秋に咲き乱れる三〇万本のコスモスは大人気で、今や福岡の名所の一つになった。

一部を除く多くのテーマパークが経営不振に陥る中、のこのしまアイランドパークは開業三〇年を超えた今も客足に衰えはない。隠れた優良テーマパークとして、全国からの視察も多い。しかし、その始まりは、約六〇年前。鍬《くわ》一つからの開墾だった。

## 七歳で島に移住。鍬一つで開墾。

久保田は昭和九年、福岡三井《みい》郡の農家に生まれる。昭和一六年、祖父が持っていた能古島の土地で農業をしようと、一家で移住。久保田の父、清は鍬一つで荒れ地を耕し始めた。土地と言っても草木が生い茂り、石や岩も多い山の中。当時、既に電気や水道は都会では当たり前だったが、島には何もなかった。

久保田も小学校時代から年間七〇日も学校を休み、農業の手伝いをした。最初は雑木林や原野を耕し、田や畑に直す開墾作業。大きな木の株を掘り出し、硬い竹の根を切り、岩や小石を取り除く。しかし、鍬を入れても石や硬い根に跳ね返され、手は豆だらけになり血だらけになる。気の遠くなるような作業の繰り返しだ。

まさに原始人と同じく、久保田は父や母と一緒に大地を耕し始めた。久保田七歳の時だった。

## 一九歳で夢を立てる。

中学を卒業し、本格的な農業人として走り始めた久保田は昭和二八年、青年団で東京や大阪の青果市場を視察。近代農業との違いに衝撃を受ける。

「当時、ウチは島では先進的な農家で、出荷高も島で一番。芋を主体に優秀な農家と思っていました。ところが視察に行った東京や大阪の市場にビックリ。規模が全く違う。こっちでは数百キロ単位が向こうでは何トン単位の出荷。

当時、ウチは福岡市で最大級の芋生産者になっていたが、ケタが違う。いずれ、流通網が整ってくれば、市場間の競争に勝てないのは明らかでした。それまでは百姓で日本一になろうと思っていたが、完全に打ちのめされました」。

島での農業に限界を感じた久保田は、何をするかを考えた。ブラジルへの移住も考えたが、長男という立場では無理。そして「日本もあれだけの戦争をしたからもうしない。今後は経済が発展して機械化も進む。そして、人々は機械に使われて疲れる。すると、自然が見直されるはずだ。

幸い、能古島の前には福岡という大都会がある。都会の人を対象に、自然をキーワードにした事業ができないかと、来る日も来る日も考えました。たまたま能古島の家の近くに桜並木があり、花見のお客さんが島に沢山来ていました。これがヒントでした。自然を活かした観光地、巨大な自然植物公園を能古島に造ろう。きっと、都会に疲れた人達が沢山来るに違いない。これだと決意しました」。

そして、「三〇歳で会社を設立。四〇歳で事業を軌道に乗せ、五〇歳で果実を実らせる。その後の六〇歳には引退し、七〇歳迄は嫁さん孝行、あとはおまけだ」と一生の計画を立てる。久保田が一九歳の時である。

## 毎年二万本の植樹。

それからは本業の芋栽培の傍ら、毎年二万本ものツツジや桜の苗を植え始めた。「十数年後、大きくなった頃には開園にこぎ着けるだろう」という遠大な計画だ。

当時の主な収入源はサツマイモやつくね芋。その畑を少しずつ潰し、花や木の苗を黙々と植えていった。島の人からは「薪にもならんモノを植えてバカじゃないか」とささやかれていたという。

しかし、島の観光客に一本一〇円のツツジの苗を数万本売ったり、東京オリンピックの頃には、貨車三台分のツツジを東京の造園業者に一〇〇〇万円で売却。その金でカイヅカイブキ、サルスベリ、タマツゲ等、樹木の苗木を購入し、将来の公園用として育てた。カイヅカイブキの幼木は、その数一万本。大人の木に育てる為、その一本一本に竹の支柱を立てていったという。

なぜ、花ではなく、植木ばかりを作ったのか。

「自然植物公園は夢だったが、事業としては海千山千。もし公園やってだめだったら、植木を売って食いつなごうと思っていた」という。

## 構想から一五年。ついに開園。

昭和四四年、久保田三五歳の時、ついに自然植物公園「のこのしまアイランドパーク」がオープンする。一五ヘクタールの広さに、カイヅカイブキ一万二千本、ツツジ一三万本、サザンカ一千本、ツゲ、しだれ梅、ニシキマツ各五〇〇本。いずれも、公園をやろうと決意して一五年間育ててきたものだ。

苗木以外に、造成等でかかった費用は約五千万円。コツコツ貯めた蓄えの他、農協などから借金をした。テレビや新聞に一千万円もの広告も出した。まさに、一世一代の大勝負だ。しかし、「何もないじゃないか」。多くの客からの声を聞き、久保田は青ざめた。

今もそうだが、当時も民間の公園と言えば観覧車やジェットコースターが当たり前。しかし、アイランドパークには植木や花や芝生しかなく、近代設備は何もない。

久保田は開業前の六年間、東京以西の公園をしらみ潰しに廻った。金沢の兼六園、高松の栗林《りつりん》公園、熊本の水前寺公園等、自分で車を運転し、一度に一週間から一〇日をかけた。先人に学ぶと同時に、何か独創性を出そうと研究を積み重ねていた。

例えば芝生。どこの公園も芝生は「立入禁止」だったが、アイランドパークでは自由に入れるようにした。通路と芝生の境目もなくし、自然に親しんで貰おうとした。

「遊具がある遊園地は子供は喜ぶが、親は疲れる。これはおかしい、逆だと思いました。子供が自由に遊べ、親は芝生で寝ころべる環境。つまり、極力、人工的なモノは排除し、自然を活かした公園にしようと思いました」。同じ理由で、観覧車等の遊戯施設もなしとしたのだ。

当初売り上げ目標は、年間一千万円。運営は五家族でやる予定だったが、「一家族に二〇〇万円あればなんとか生活できる」という計算だった。

## 開業三年目に事業売却の危機。

しかし、思った以上に入園者は伸びない。島まで船で行くというハンデに加え、知名度もないし、目玉施設もない。毎週のごとく「今後どうするか」が話し合われたが、ついに開業三年目には事業売却＝自力営業断念を考えるまでに追い込まれた。

当時は客の来ない冬場の三カ月は公園を閉鎖。従業員全員で出稼ぎ＝造園のアルバイトに出ていた。その働きを分配しても一家族あたりの月収は四万円。高校生を持つ家庭などは生活が厳しく、魚を箱ごと安く買って皆で分け、塩漬けにして長持ちさせたりしてしのいだ。

しかし、生活は年々苦しくなるばかり。皆で話し合いの結果、公園の経営権を地場大手のバス会社・西鉄に譲ることを決めた。自力営業を断念したのだ。

「軌道に乗るまで一〇年は覚悟してくれと皆に言っていたが、三年目で挫折。広大な公園の運営は自分一人では無理で、皆の合意が必要だった。結果は多数決で権利を売ることに。もう、ヤケになって、どうにでもなれと思いました」。

西鉄側の雇用条件は、男は一人あたり月給七万円で女は五万円。自力営業よりは手取りは増えることになる。しかし、交渉は最後の最後に揉めた。園内にある樹木の売却価格で話が折り合わないのだ。原価は安いが、育てるのに一〇年以上かかっている。この価値を巡って、西鉄側との交渉は暗礁に乗り上げた。

毎晩毎晩、久保田らは話し合った。いかに西鉄側に高く買い取って貰うか、有利な条件を引き出すか。しかし、ある日の会合で久保田の妻が大声を張り上げた。

「将来は良くなる。経営権は売らん!」。この一言で話は一転、経営を続行することになった。

## 「何もない公園」に時代の追い風。

その後も、爪に火を灯《とも》すような生活が続いたが、ある時を境に風向きが変わった。水俣病や四日市の公害が社会問題になり、人々の目が自然に傾いてきた。福岡もビルや高層住宅が建ち並び、人々は都会の乾きを癒《いや》す場を求めるようになる。

久保田が予想したとおり、時代が「何もない自然公園」に追いついてきたのだ。同時に、子供を対象にしたイベントや、井上陽水や郷ひろみのコンサートなども誘致。また、博多の古い町並みを再現した「思ひ出通り」も、そのレトロ感覚が当たって、入場者が徐々に伸びてきた。

中でも、もっとも集客に貢献したのが開業一〇年目に植えた秋のコスモス。青い空と海をバックに、赤、白、ピンクに咲き乱れる三〇万本は絶景で、今や年間入場者の三分の一はこのコスモス見学者で占める。その他も、早春のニホンスイセン、春の桜と菜の花、初夏はヒナゲシと、公園内は年中季節の花が咲き乱れる。

そのための一番大変な作業は雑草取りだという。この広い敷地を総勢二〇人のスタッフたちが、数カ月かけて、コスモスを初め四季折々の花畑を完成させる。大変な労力だ。

## 二〇年先を考えた人生計画を。

創業時、年間一千万円にも満たなかった売上だが、今では年間入場者は約二〇万人で年商約三億円。テーマパークとしては決して規模は大きくない。しかし、開業三〇年を超えても入場者が減らず、かつ、リピーターが大半を占める黒字経営。大企業や第三セクターの施設が次々に破綻《はたん》する中、「のこのしまアイランドパーク」の「足《たる》を知る」堅実経営は異色だ。

「今の私があるのは、七歳からの農業経験と一九歳の時の人生設計です。夢を立て、努力すると不思議と形になる。何があっても振り向かず、一〇年、二〇年先を考え、あとは実行努力。これが成功のコツです。

それと年寄りの話を聞くこと。同年輩ではなく、年上の人の話を聴くのは勉強になります。私は昔からそうしてきました。その人の人生を、一時間で聞ける。こんなに勉強になることはない。ただし、鵜呑《うの》みはいかん。自分なりに解釈し、自分の夢に加工することが大事ですね。

旅行に行っても、酒を飲んで温泉に浸かる……ではいかん。私はどこかへ行っても、その回りを歩き回った。朝晩の飯前にとにかく見る。何事も勉強です」。

偉そうなことを言う久保田だが、開業三年目には皆を説得できずに、一度は事業継続を断念。それを翻《ひるがえ》したのは久保田の妻だ。久保田の成功は、良いパートナーに恵まれたからに他ならない。

三五歳で開業した久保田だが、創業はいわば七歳からの農業。その延長線上の「近代農業」が、自然植物公園のアイランドパークだ。祖父が買った土地を父が耕し、久保田が農業を発展させて公園を開業。二〇〇〇年からは息子の晋平が経営を継いでいる。

時代はますます混迷化し、人々は自然の癒しを求める。島に移住して約六〇年。「のこのしまアイランドパーク」は都会のオアシスとして、その存在意義は年々大きくなるばかりだ。

# 第七章　バカは倒産で学ぶ

日本では、倒産すると二度と這い上がれないというイメージがあります。しかし、バブル崩壊後、大企業の倒産や廃業・合併も日常茶飯事ですし、統計上も企業は設立一〇年で約九割が倒産・廃業。設立三〇年後では、実に九七パーセントの会社が存在していません（二〇〇一年、船井総合研究所調べ）。つまり、会社というものは潰れるのが当たり前なのです。

「ベスト電器」の創業者・北田会長は戦後引き揚げてきて、炭坑向け水道部品の販売で独立します。しかし、代金回収が焦《こ》げ付いて倒産。その後に倉庫業で復活し、家電製品を安売りするバーゲンセンターが現在の「ベスト電器」のスタートになりました。

焼き肉やうどんの「ウエスト」堺会長も倒産経験者。西南大学を卒業して古着屋や服地卸・小売りの西文商店をやっていましたが、四〇歳の時に倒産。アメリカでドライブインを視察し、知人の保証で福岡県福間町に開いた「ウエスト」一号店で再起しました。

全国に数万人の人脈ネットワークを持つ「イシカワ経営企画研究所」の石川さんは、沖縄で二一歳の時に家庭用品販売で独立。その後もスーパー、証券業、ホテル等の経営・再建を手がけます。しかし、三六歳の時に福岡で住宅改修業に失敗。倒産して一億円の借金を抱えます。三八歳の時に経営コンサルタントで再起。型破りな経験で大手ビールメーカーの大ヒット商品を開発し、各種講演や研修に引っ張りだこに。自社企画のアイデア商品「だいじょうぶだ石」も累計三〇万個のベストセラーで、借金は約一〇年で返済しました。

電話秘書と貸しオフィスで九州トップ「アーバンオフィス」の池田社長は、三八歳の時に建設業の夫が倒産。専業主婦だった池田さんは、子育てしかできないと夜間保育園を開業。水商売の女性達にチラシを必死で手配りしました。結果は初年度から成功し、のちに手がけた電話代行業も、主婦の感覚とサービス力で大人気になりました。

福岡の有力ITベンチャー「NBS」石橋社長は小野田セメントを経て、海外プラントの電装エンジニアリング業で独立しますが、イラン・イラク戦争に巻き込まれて創業一六年目の昭和六三年に倒産。債権者に監禁されるなどの修羅場《しゅらば》を経験します。しかし、四年間のサラリーマン生活を経て、再び「NBS」の代表に就任。海外エンジニアリングとセキュリティの高い技術が評価され、二〇〇五年の株式公開を目指すまでに成長しています。

蔵書五〇万冊、文庫本専門では世界一の「ふるほん文庫やさん」谷口会長は二度の倒産経験者。メナード化粧品のトップセールスを経て化粧品の販売会社を設立しますが、メーカーが不渡りを出して連鎖倒産。他の化粧品の代理店やブラシメーカー勤務を経て、再び化粧品や下着で独立するも二度目の倒産。無一文になり、パチンコ店に勤務します。

その後、重病で入院中に文庫本の面白さに目覚め、文庫本専門古書店を考案。一日二四〇円の食費で切りつめた生活を七年続け、十一万冊の文庫本を収集して開業します。二〇〇一年にはNPO「としょかん文庫やさん」を創設。北九州市の協力で廃校の小学校を利用し、こちらは蔵書五〇〇万冊と民間図書館で日本一を目指しています。

その他、「ブックオフ」の坂本社長は、最初の脱サラであるオーディオショップを三年で廃業。経営コンサルティングの業界大手「船井総合研究所」の船井名誉会長も、二〇代最初の独立は二年で廃業しています。車の買い取り専門店「ガリバー」の羽鳥社長も、前職のクレーン会社時代に倒産。シュレッダーの「明光商会」高木社長も、二〇歳で創業したストッキング販売に失敗し、二九歳で再び起業します。起業家研究では第一人者の「創業開発研究所」小久保社長も二〇代で事業に失敗。自殺未遂や実家売却等の辛酸を舐めます。そして研修会社勤務の後、起業する人をサポートするコンサルタントに転身します。

倒産や廃業時は周りに迷惑を掛け、債権者から強烈に責められます。しかし、命までは取られません。倒産で一度は失脚した「ヤオハン」元会長の和田さんは、七〇歳を過ぎて講演を年間二〇〇回もこなしています。人生は、死ぬ間際まで再起するチャンスがあるのです。

# 家が破産。「同級生に勝つには社長になるしかない!」

実家が倒産・破産→高校中退→商店店員→書籍セールス→警備員→自衛隊→警備員→二四歳で独立

倒産寸前から完全無借金の警備会社へ

**日本ガード・サービス(株)**

代表取締役　市川善彦《いちかわよしひこ》

「日本ガードサービス」は従業員約一三〇名を抱える警備会社。業界地場では中堅だが、完全無借金経営で流動比率は四〇〇パーセントを超える超優良企業だ。大企業系列の警備会社が多い中、市川社長は二四歳の時に独立独歩で創業。著書に『私はこうして倒産寸前のオンボロ会社を資金繰り無縁の完全無借金経営に育て上げた』『幸せを呼ぶ三〇個のダイアモンド』(明日香出版社)他があり、年間約五〇回の講演・講師も務める。

## 実家が破産。高校を中退して東京へ。

市川は昭和二七年長崎県佐世保生まれ。父親は終戦直後に米軍向けのブローカーを細々とやっていたが、市川が生まれた頃には朝鮮戦争の特需も受けて事業が大発展。西日本一帯で不動産業に高級料亭やナイトクラブを七店、他には金融業をも営んでいた。

しかし、父親は私生活も破天荒。愛人を一二人抱え、本宅に戻ってくるのは年に一〜二回だった。実は市川はその愛人の一人の子供で、未だに実母は不明。生まれてすぐ里子に出されていたが、本妻に子供がなく、二歳の時に引き取られて育った。

家の部屋数は二〇を超え、庭には滝があるほどの豪邸でお手伝いさんも沢山。「親父が店で、バケツに金を足で踏んで入れていた」ほどの生活ぶりだったという。

ところが市川が中学三年の時、家に帰ると大勢の男が母を囲んで怒鳴っている。父親が倒産して夜逃げし、債権者が押し掛けていたのだ。その後も父親の所在はわからず、全財産を没収された市川と母親は一気に極貧生活に陥る。

市川はなんとか県立高校には進んだが、没落した元金持ち息子への視線は冷たい。病弱な母親はショックで五三歳で死亡してしまう。市川は高校二年で中退。単身上京。

「進学校だったので同級生は皆、大学を目指していました。でもこっちは学費も払えず、働くしかなかった。高校中退では地元で恥ずかしい。いっそのこと、東京へ出ようと思ったのです」。

この時に、市川は二二歳迄に警備会社を設立し、社長になるという目標を立てる。「進学校を中退するということは、完全な落ちこぼれです。しかし、大学に行く同級生には負けたくない。だから、彼らが大学を卒業する二二歳迄に、俺は社長になると決めたんです。

警備会社を考えたきっかけは、当時、流行っていたTVの〝ザ・ガードマン〟。当時の日本警備保障、現在のセコムがモデルでしたが、今で言うベンチャーで格好良かった。子供心に単純に憧れ、俺もガードマンになろうと思いました。

失敗はしたけど、社長だった頃の親父は凄かった。社長なら学歴は関係ない。大卒の奴らに使われるのではなく、社長になって、同級生を見返してやろうと思ったんです」。

## 給与は大卒の半分。「今に見ておれ」。

市川は寝台特急「さくら」で東京に向かう。そして、電車の棚に捨てられた週刊誌の求人欄を見て、東京駅から渋谷の小さなスーパーへ電話。住み込み店員として働き始める。

昭和四三年の当時はスーパーの成長期。市川も一日一三時間労働で、休みも月に三日のみと猛烈に頑張った。しかし、市川の給与はわずか二万円。同じ店の大卒社員は四万円で、学歴社会の現実に直面する。

「クソーと思いました。自分の方が働いているのに、あいつらの半分かと。悔しかった。思いましたねえ、今に見ていろと。でも、私には社長になるという目標があった。大卒の連中は四万円全部使うが、私は生活を切りつめて一万円で生活。半分をコツコツ貯め始めました」。

スーパーは半年で辞め、その後は昼は書籍等の物販セールス、夜は警備員の二重生活に突入。三畳一間の自宅を拠点に一日二〇時間労働を続け、やはり収入の半分は貯蓄に廻した。

一八歳の頃には約一〇〇万円を貯め、市川はもっと手っ取り早く稼ぐ方法はないかと画策。当時、流行り始めたカラオケリースの事業に投資する。ところが、仲介に入った悪徳業者に金を持ち逃げされてスッカラカンに。

「奴らにしたら、一〇代のガキを騙《だま》すのは赤子の手を捻《ひね》るようなもんだったんでしょうね。濡《ぬ》れ手に粟なんて欲を出した自分も悪い。おいしい話には罠《わな》があると学びました」。

しかし、市川は独立を諦めず、次は自衛隊に入隊する。

「自衛隊は究極の警備会社ですから、その組織やノウハウを学ぼうと。また、衣食住は保証されますから、給与は全部貯蓄に回せる。弛《ゆる》んだ自分に喝《かつ》を入れるのにもいい。もう一度、一から出直そうと思いました」。

## 二四歳で独立。会社に寝泊まりの日々。

自衛隊では地道な勤務態度が認められ、ノンキャリアながら幹部コースの道が開けるまでになる。しかし、高校中退では、最後は大卒のキャリアから顎《あご》で使われる。市川は当初の目的を果たそうと二三歳で除隊。佐世保に戻り、独立計画を練り直した。そして、九州で市場が一番大きな福岡で起業することを決意。福岡の警備会社に転職して、マーケットや同業他社を調査した。

昭和五一年、二四歳で「日本ガードサービス」を創業。事務所は一〇坪の雑居ビルで、資本金は二五〇万円。市川が一五〇万円を出資し、残り一〇〇万円は前の会社から連れ立った五三歳の副社長が出資した。当初の二二歳迄という目標には二年遅れたが、社長になるという夢は叶《かな》った。

しかし、当初の人員は自分と副社長の二人。市川は昼は営業に走り回り、夜は自ら警棒を持って現場に立つ。そして、徐々に人員を増やし、一年後には何とかやれる目途《めど》が立つようになる。

## 父が現れ、借金をかぶる。

ところがある日、裁判所から呼び出される。行方不明になっていた父親が実印を偽造し、市川の名前で数千万円の借金を踏み倒していたのだ。

最初は無視したが、たちまち市川の家財は差し押さえを食らう。弁護士を立てる費用もなく、自ら十数回も裁判所へ通うが父親の借金は事実。会社を始めたばかりで自己破産するわけには行かず、結局、市川は借金を肩代わりすることになる。

時はオイルショック後の昭和五二年。不況で警備の受注価格も下がり、本業も火の車に。資金繰りに走り回るが、サラ金にまで融資を断られる始末。市川はアパートを引き払い、会社に寝泊まりするようになる。そして三日間連続三六時間働いたり、食事は百貨店の試食コーナーを回った。

警備会社は人が財産で、社員への給与支払いは最優先事項。遅配があればすぐに社員は辞めてしまう。市川と副社長は給与をゼロとし、あらゆる経費を徹底的に削減した。

昼間は会社の電気を消し、移動は徒歩か貰い物の自転車。新聞は電車の棚から拾い、チラシの裏をメモ用紙、ボールペンは替え芯で使用。役員も、暇があれば現場に出て警備にあたった。交際費もゼロ。湯飲みも貰い物。珈琲やお茶も購入せず、エアコンは扇風機で代用。机も椅子も、備品類は全て中古のバッタ品か質流れで調達した。

こうした倹約が実を結び、バブル時代も会社はローコスト経営を死守。警備料金は他社よりも安く、質やサービスは高いという筋肉質の会社になった。

一九八九年の福岡市主催の大規模イベント「アジア太平洋博覧会」では、同業二〇〇社の中でわずか六社のメイン警備会社にも選ばれ、現在の完全無借金経営を確立した。

父親から被った個人的な借金も二〇〇〇年に完済。現在は、小さいながらも三階建ての自社ビルを保有し、会社の内部留保は一億円を超える。

## 「半分の法則」。

一九八九年からは、前述の著書に加え『小さな会社の社長業』『儲かる経営計画書のつくり方』（いずれも明日香出版社）と、自らの半生と経験をまとめた本を次々に出版。全国各地の中小・零細企業経営者を対象に、講演活動も行っている。

市川が講演で一番最初に話すのは「半分の法則」。これは景気に関係なく、どんな時も実力の半分の経費で抑えようというもの。市川は、スーパー店員時代給与二万円のうち一万円しか使わなかったように、その後の転職や独立してからもこの方針を貫いている。

自社ビルも六階建てを購入する実力はあったが三階建てに抑え、自家用車もクラウンなどの高級車ではなく軽自動車。独身時代の自宅も六畳を三畳借間にし、年収数千万円の今も、時計は八千円。本社事務も、同業他社の約半分で運営している。

「社会に出た時から貧乏で、その後も独立時、独立後と金が無く、そうせざるを得なかった。それと、やはり父親が最大の反面教師ですね。商売で成功し、放蕩《ほうとう》の限りを尽くして最後は一家離散。バブル時代も父のような放蕩社長を山ほど見ました。〝足ることを知る〟ことが一番大事です」。

## 娘の死で気づく。

父親は晩年、脳溢血《のういっけつ》で半身不随になって市川の家に担ぎ込まれ、市川の妻が介護をした。市川にとって父は憎しみの対象でしかなかったが、寝たきりの父を献身的に介護する妻の姿を見て、親孝行の大切さに気づいたという。

高校中退のきっかけは倒産して夜逃げした父。しかし、社長になろうと思ったのも、実業家として成功した時期の父を見ていたから。そして、今の完全無借金経営のノウハウも、父の借金を被ってから編み出したもの。父からは散々苦しめられたが、それがなければ「半分の法則」も生まれなかった。

また、市川はどんな時も笑顔を絶やさない。ピンチや金のない時も、常に高笑いで乗り切ってきた。よく言われる笑顔と陽転思考の効用だが、それは母の影響だ。育ての母は、夫が遊び回っている時も市川に真面目な教育と礼儀作法を施し、倒産した時やその後の極貧生活時代も、常に明るい笑顔を絶やさなかったという。

二〇代までは自分の出自を恨み、金儲けのみに走っていた市川だが、そんな二九歳の時に二歳の長女が急性心不全で突然死した。ほんの数分前まで笑っていた長女が突然倒れ、母親の腕の中で息を引き取ったのだ。可愛い盛りの不幸は市川を打ちのめしたが、自分の欲深さにも気づいたという。

「いろいろあったが、捨て子同然の自分を二歳から育ててくれたのは、父と育ての母のおかげ。そして、未だわからぬ実母が腹を痛めて産んでくれたからこそ、今の自分がある。娘の死で悟りました」。

両親への感謝に気づいてから、市川は妻や取引先や従業員、果てはライバル会社や不景気にまで感謝できるようになった。それに気づいた三〇代からは、業績も飛躍的に伸びたという。

# 「倒産の日、街は黄色に変わった」

工業高校卒→設計事務所→洋服店→テーラー創業→倒産→贈答品店へ就職→再度の起業

九州トップの洋服リフォーム業へ

**(有)リフォーム三光サービス**

代表取締役　宮崎栄二《えいじ》

「リフォーム三光サービス」は、洋服リフォームのチェーン店。ズボンの裾《すそ》を上げたり、ウエストを短くしたりする地味な修繕・お直し業だ。一件数百円～という地味な仕事だが、現在は福岡を中心として約五〇店を展開。毎年二ケタ成長を続け、特にこの数年は前年対比三〇～四〇パーセント成長で年商も三億円を突破した。

当初は紳士服販売店の下請けとしてスタートしたが、徐々に百貨店やスーパーの店内に自社店舗を出店。九州では業界大手になった。

実は、宮崎社長の起業は二度目。一度目は倒産し、サラリーマンを経ての再チャレンジだ。地獄を見た男の、敗者復活物語。


——今は元気に、お陰様で商売も順調にやらさせてもらっています。しかし、今から十数年前に私は倒産し、周りの方、様々な人に迷惑をかけました。私の保証人だった親友の家にも借金取りが来て、泣き叫ぶ子供の目の前で、ベタベタ差し押さえということもやらかしました。

倒産したらどうなるのか、そしてどうやって立ち直ったのか、気づいたこと、そういう話をしてみようと思います。

## ある日突然、親父の意志を継ごうと。

私は昭和二三年生まれ。父は「三光洋服店」という洋服のオーダー製作をやってました。親父は私に継がせたいと思っていたようですが、いつも「大変だ、大変だ」と聞かされ、子供心にも家業には魅力がなかったですね。日本人もまだ貧しかった頃ですが、両親の苦労した後ろ姿しか見てません。

だから継いでも仕方ないと、私は福岡工業高校の建築科に入り、家を建てる設計技師になろうと思いました。卒業一年前に親父は食道ガンで亡くなり、そこで三光洋服店は一度消滅。幸い、母は仮縫いの技術があり、細々と養ってくれました。

卒業後、大阪で働いていたある日突然、何故か分かりませんが「このままでいいのか、親父は無念だったんではないか」と悶々としました。

そして「親父の果たせなかった夢を継ごう。やはり洋服屋になろう」と、ある日突然、大阪から帰りました。

母は、「馬鹿か。洋服屋がもうダメなのは知ってるだろう」と大反対。しかし、何が突き動かしたんですかねえ。洋服職人である親父の友人宅に、「住み込みさせて下さい」と布団を持って押し掛けました。夜の一〇時くらいでした。

後で聞いたんですが、その友人は「二カ月も持たない。どうせ逃げ出すから」と母には言ったそうです。実際、洋服職人は上下関係や礼儀作法も厳しい、徒弟制度の世界でした。

そこで洋服の技術をしっかり覚えました。五年縫製をやった後に、裁断や営業も経験。その後、そこのお嬢さんと結婚・養子にという話が出ました。可愛い女性でしたし、その店には財産もあって将来も約束される。

迷いはしましたが「いや違う。自分は親父の意志を継ぐのだ。その為に大阪から戻ってきたんじゃないか」と、七年間やった後、「テーラー三光」として独立しました。

## 順調な独立も、見栄《みえ》から街金に手を出し……。

最初は順調でした。一着十数万円の服を周りの人が作ってくれ、いい商売だなと思いました。二七歳で「社長、社長」と言われ、「若いのにスゴイですね」とおだてられていい気になり、見栄もあって家も二軒ほど買っていました。ちやほやされると人間は乗ってしまう、自分は特別な存在ではないかと思うんですね。

そんな時に、ダイエー等大手からテナント出店の話があり、保証金が七〇〇〇万位の店を二～三店舗、借金して出店しました。今考えると、本当に無謀な出店だったんですが、見栄ですね。有名店の中に店を出すのは、気分がいいですから。

最初は国民金融公庫や銀行から借りていましたが、段々と返済が苦しくなり、目に付いたのが高利の街金。思い切って電話すると、「ああいいですよ」と手形一枚で借りました。

当時の金利は六〇パーセント。一〇〇万円で六〇万円の金利ですから、どう考えても異常ですね。

でも、簡単に借りられるもんですから次々に手を出し、アッと気が付いたら借金は三千万円で月の利息だけで一八〇万。二年後には、借金五千万円に対して金利だけで月二五〇万円。

どうにもならなくなって、社長をやってた姉の婿に相談したんですが、「こりゃもうダメ。倒産だよ」と。でも、自分は倒産なんて全く考えてない。苦しかったが、倒産なんて人ごとで、自分がまさかと。しかし、現実に月に利息二五〇万円なんて払える状態ではなかったんですね。仕事も手に着かない。人から言われて、初めて気がつきました。

## 倒産の日は景色が変わって見える。

その頃は、午後二時半になると、銀行に手形決済の金を入れに行ってました。毎日その繰り返しで、もう火の車。倒産の二カ月前頃でしたか、何度も夜中にポッと目が覚めるんです。寝ている妻や子供の顔を見て、この子達は大変な家庭に生まれ、なんて可哀想なんだと思いましたね。

で、もうダメだと、ある日倒産を覚悟しました。不渡りを出す日は、景色が変わりましたね。町に出ても何か黄色い霞《もや》がかかり、音も聞こえにくくなる。極度の恐怖で、体も異常になるんでしょうね。その日、兄に頼んで弁護士の費用を用立てて貰い、倒産の手続きをしました。

そして倒産になった明くる日、ヤクザ風の借金取りが家に押しかけました。暴力は振るわれませんでしたが、かなり厳しいことをいわれましたね。

自己破産すると自分は借金チャラで楽になりますが、保証人に取り立てが行く。でも、世話になった人に迷惑はかけたくない。結局、破産はせず、何年かけても絶対払うからと、何度も債権者と交渉。少しずつ返していくことを決意しました。

## 捨てる神あれば拾う神あり。

人生で素晴らしいと思うのは人との出逢い。倒産経験者の再就職は難しいんですが、前から友達だった贈答品の美紀屋の中村社長が「うちに入りなさい。アナタの力をうちで試しなさい」と言ってくれました。それどころか、当座の借金返済の金も用意してくれたんです。未だに胸が震える話ですね。そして計画通り、債権者一件あたりに毎月数万円ずつ、どんなことがあっても、毎月毎月誠意を持って返済しました。

美紀屋では、主に葬式の時のお返し物・引き出物を売る仕事をしました。ある意味で売りづらい商売でしたが、中村社長の恩にも答えねばと、懸命に働きました。

ある日、四歳の女の子が事故で亡くなった家庭を訪問。私も七歳の女の子を事故で亡くした経験があったので、悲しんでいるご両親に「今は娘さんは仏さんと一緒で幸せなんですよ。そう思うことが供養になりますよ」と切々と言いました。

すると、「気が晴れました。アナタの一言で立ち直れました」と、そのご両親から大変喜ばれたんですね。このことがきっかけで、これからは人が立ち直り、復活する元気を与えられるような人になろうと強く思いました。

美紀屋では一所懸命やり、業績もそこそこ上げました。そんなある日、社長と奥さんから「専務でやってくれんか」と言われました。光栄でしたね。うれしかったし、収入もこれで安定する。借金返済もあと少しでした。

しかし、考えました。自分は途中からポッと入ってきて、専務になったのでは、他の下積みでやってきた社員さんが浮かばれない。もう自分が引く時だ、もう一度自分でやってみようと思いました。「三光」をもう一度、復活させたい。

こうして、七年間お世話になった美紀屋さんを辞めました。四二歳の時でした。

## 再起を賭けて、再度の独立。

以前は洋服のオーダーメイドで、相手は金持ち・特殊層だけでした。でも、痛い目にも会ったお陰で、今の自分はおばあちゃんにも子供にも、どんな人にでも頭を下げられる。今度は一部の人だ

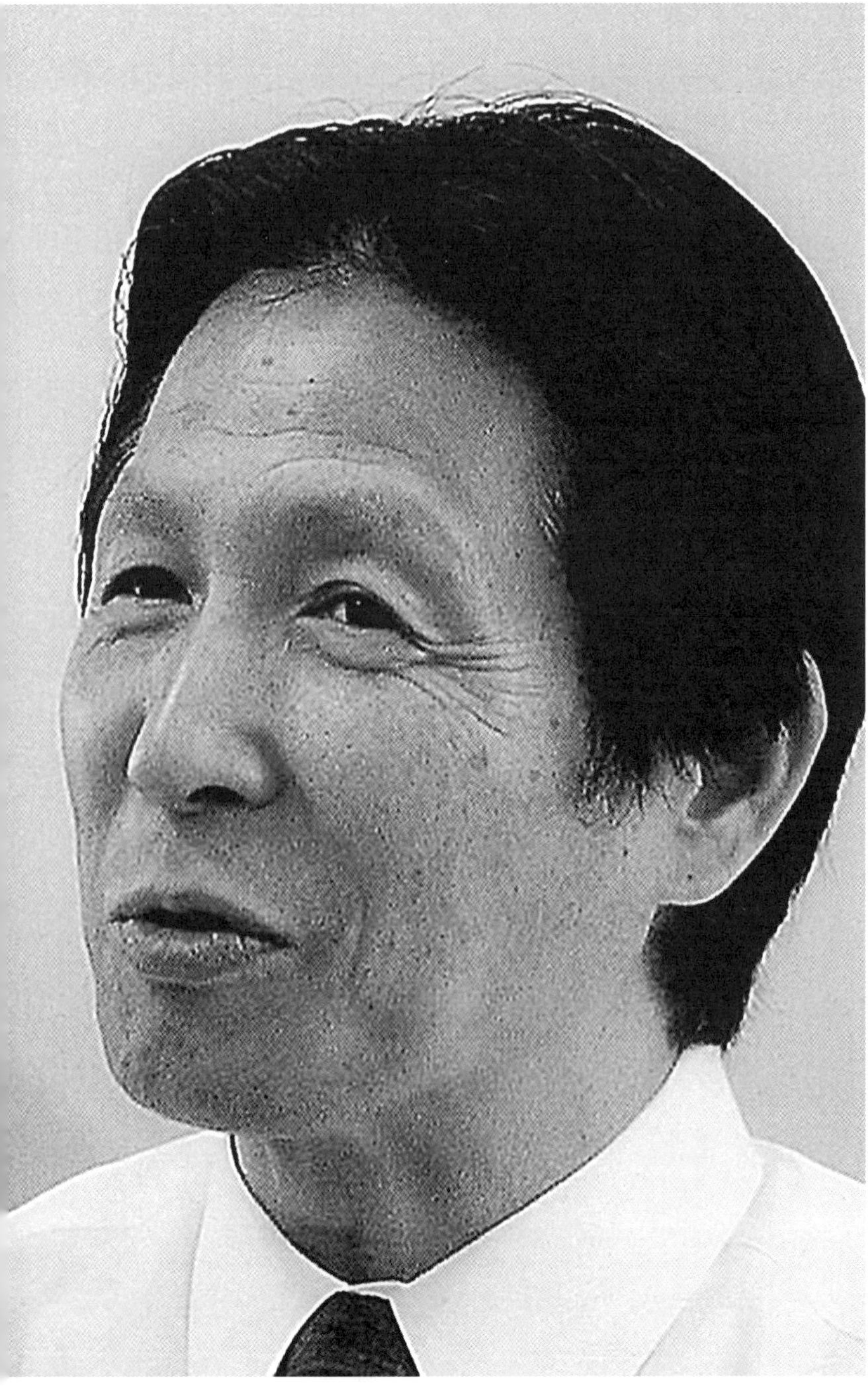

けでなく、洋服に関わる皆を相手にしたい。

洋服のリフォーム、お直し屋さんになろう。「お直し」は業界の中では都落ちだが、技術を活かして、これからはリフォームを深く掘り下げよう。洋服の「リフォーム三光」で復活しようと決めました。

資金もなかったですが、人間が真剣になると相手に伝わるんですね。近くの呉服屋さんや洋服店に飛び込んで、どんどん注文を貰いました。そして、フタタ(福岡の大手紳士服チェーン)の片江店からも仕事を受注し、仕事も多くなって職安さんから人を採用。それで運が開けましたね。聾唖《ろうあ》者の方だったんですが、その人と二人三脚で始めました。

うちは障害者、高齢者も大歓迎なんです。他の企業は敬遠しますが、そういう方達はマジメで熱心。素晴らしい縫製の技術を持った人が多いんです。

一所懸命やっていたら北九州のフタタからも依頼を頂き、一気に四~五店を任せてもらえました。その後、はるやま、岩田屋と、とんとん拍子にチェーン展開が始まるんです。

## 障害者に教えられたこと。

今は従業員九〇名のうち三五名が障害者です。朝礼も手話でし、見てるとこちらが勇気づけられる。少ない給料でも、彼らは本当に喜んでくれ、有り難がってくれます。心が洗われますね。

以前、宮崎の都城《みやこのじょう》店で、左手の手首から先がない一九歳の女の子が面接に来ました。できるかなと心配したんですが、布切れを一所懸命右手で切っている。ああ、これは何とか育てたいと。しかし一週間後、そこの上司から「どうしてもあの子は使えません。辞めるように言ってほしい」と。それでしかたなく辞めて貰ったんです。

ところがある日、うちの取引先に行くと、左手の上腕部から手がない人がいました。見ると、口や足も使いながら、もの凄くうまく仕事をするのです。衝撃でしたね。やればできるんだと。あの女の子を解雇したのは間違いだったと後悔しました。

翌日、全社員を集めて言いました。「多少の障害で諦めるな。出来ない理由を探すのではなく、今後はどうしたら出来るかを考えよう」と。そして、うちはこれから障害者を一〇〇名雇うぞと決意しました。何としてもやるぞと。

この仕事は単価四〇〇円～一千円などの積み重ねで、年商三億やっても利益は少し。でもうちの良さは、今現在三五名の障害者の方が生活できていること。一〇億やれば一〇〇名の障害者を雇うことができる。これがうちの社会的存在意義だ。これが実現すれば、誇れるのではと思います。

また、衣服も、人に着て貰おうという使命感があるはず。洋服に命があれば、捨てられるのは悔しいはず。そういう使命感を持とう。各家庭にある古い衣服を出して貰い、綺麗にリフォームしよう。これが私の生きる道だと、四〇歳を過ぎて天職を発見しました。

## 潰れない経営とは?

これから起業を目指す人のために、潰れないために、体験からいくつかお話をします。

第一は、見栄を捨てるということ。以前はショッピングセンターなどの一等地に、見栄で多額の出店料を払って出店。その結果、借金まみれになって倒産しました。ですから、今は、保証金とか固定家賃が条件の場合は出店しません。支払うのは売上に応じた一五パーセントだけ。自分のスタンス以外のことはしない。無理はしないと決めました。今も有名百貨店やJR系からテナント出店の話がありますが、保証金や固定家賃の場合は全て断っています。でも、逆に説得はします。

「うちが出ると、お客は便利で喜びます。また、預ける時と取りに来る時で、二度お客さんは来店します。結局、お店にもプラスです。家賃で儲けるのではなく、相乗効果でお客が増えますよ」と。

第二に、月次の赤字は厳禁。前は赤字が出てもまあ仕方ないでしたが、今は一カ月も赤字は許さない。各店長への意識付けは徹底しています。ウチはわずか数百円の積み重ね。だから、少しの意識の違いで変わるんです。

第三に、直取引を増やすこと。大手の下請けは恐い。急に取り引きがなくなることがある。いかに一般家庭との直取引を増やすか。宅配方式も含め、積極的にやっていきます。

第四に、私生活も見栄をはらない。車とか豪邸も建てない。質素でいい。地獄を見ると、今のことは当り前じゃないことが、無くした時にわかる。今というのがどれだけ恵まれているかを、です。以前は、数字も全く見てなかった。全くのどんぶり勘定。今は月次決算。月末で締め、翌月の一〇日にはわかるようにしています。税理士さんにも、「良いことはいい。悪いことを言ってほしい」と頼んでいます。

## 日々の奇跡に感謝する。

人間はいつ死ぬか分かりません。これは娘が水難事故で亡くなった時に思いました。朝、元気だった娘が、夜には棺桶の中に入っている。人間の命ははかないと、骨身にしみましたね。

また、あれだけの失敗をして、今では家も建てさせて貰い、九〇名の従業員に囲まれ、二人の息子もこの事業を継いでくれる。これはもう普通じゃない。ものすごく有り難いこと。

こういうことに、気が付きながら生きていくのが大事です。母ちゃんが家でフトンを敷いてくれて、お茶も出してくれて、当たり前と思う。でも、これを隣の奥さんがやってくれたら、有り難うと思うでしょう。感謝なんです。

人間は、失って分かる事が多い。倒産してわかる。毎月の給与も、実は奇跡で有り難い。沢山あるお店の中から選んでくれたお客に、来店を有り難い、奇跡だと思って頭を下げるのと、そうでないのは大違い。まさに、有り難いというお客様への挨拶が大事です。

そういうことを忘れないと、運も開けるのではないか。自分がこういう気持ちになったことに感謝します。障害者も雇い、「三光」を続け、何か使命があると感じられるようになりました。

自分の家族、自分の周りの人への感謝。一見、毎日当たり前のことにどれだけ感謝できるか。これを忘れないことですね。自分が何名の人を幸せにし、貢献できるか。人に、モノに対する感謝。

そして、人に対して自分が何ができるのかという使命感。これを考えて仕事をしていけば、商売はうまくいくんではないか。本当にそう思います。

# 第八章

# バカは家業の限界に学ぶ

第七章で述べたように、企業や業界には寿命があります。初代で倒産や廃業するのも当たり前ですから、二代目で潰れるのも当たり前です。石炭が石油に変わって産業自体がなくなったように、紳士服や玩具チェーンの登場で百貨店が衰退するのも仕方ありません。

アメリカの経営学者ドラッカーやセブンイレブンの鈴木会長が言うように、企業は周りの環境に応じて常に変化対応していかなければ生き残れません。

一坪で年商一億円を売り上げる東京葛飾区の総菜店《そうざいてん》「かねふじ」。遠藤社長は大学を卒業後に家業の繊維業に入りますが、繊維業の将来性に悲観。家業に見切りを付け、需要が安定した飲食業に目を付けます。そして、総菜なら素人の自分でもできると考え、スーパーの肉売場や総菜店で修行。現在は一〇店舗のチェーンを展開しています。

企業給食の代行業で日本一の「シダックス」志太社長は、高校を卒業して叔父の経営する大衆食堂に勤務します。しかし、ドライブインの台頭等で三年後に廃業。その後、富士フィルムの給食の下請けをしていた二八歳の時、アメリカ視察ツアーで給食事業大手ビッグフードの副社長と会います。感銘を受けた志太社長は、帰国後にカフェテリア方式の業態を開発。これが大学や企業に次々と受け入れられ、一部上場企業にまで発展しました。

家電小売りチェーンの「コジマ」小島会長は、高校時代から家業である栃木のセメントやタイル販売店を手伝います。その後、ミシンと電動ポンプの販売に転じますが、事業の将来性に悲観。東京にテレビを仕入れに行き、家電品のディスカウントを始めます。

以上の例のように、家業の転換や発展に成功することは希《まれ》です。多くの家業は、初代で潰れます。

しかし、蛙の子は蛙なのか、家が自営業の子供が自分も独立する確率は、サラリーマン家庭の約三倍(「中小企業庁の新規開業白書」参照)。それも、家業が零細であったり、倒産や廃業の家庭に育った子供は親の苦労に学び、自然に商売感覚が身に付きます。

福岡でアパート建築トップクラスの「トマト建設」富永社長の実家は肉屋、「丸海屋」や「ぶあいそ」の居酒屋チェーン「てっしい村」の溝上相談役は駄菓子屋、青汁「キューサイ」の長谷川社長は繊維問屋、ダイビング「オーシャン・ビュー」の大堀社長は遊技場と飲食店、いずれも、子供に継がせる規模ではない零細家業に育ちました。

もっと子供の勉強になるのは、実家の倒産です。「ワタミフード」の渡邉社長は、小学生の時に父の広告制作会社が倒産。その時に、将来は事業家で成功して父のリベンジを誓います。人材派遣大手の「グッドウィル」折口会長も小学二年で父の人工甘味料会社が倒産。生活保護を受けながら、事業家を目指します。「リンガーハット」米濱社長の実家も小学三年の時に父の鮮魚卸が倒産、「カレーココ壱番屋」宗次《むねつぐ》会長は中学生の時に養父が破産、焼き肉の「牛角」で上場した「レインズインターナショナル」西山社長も小学生の時に父の不動産業が倒産、宅配ピザ日本一「ピザーラ」の浅野社長は高校生の時に紙器会社社長の父が倒れ、母はウーロン茶事業に失敗。「ユニバーサルホーム」の加藤社長は、父が事業に失敗して母が内職……こういう例は枚挙に暇《いとま》がありません。

親が事業に失敗すると、当然、家庭は貧乏で厳しくなります。加藤社長は小学三年から六年まで新聞配達をやり、宗次会長は屋台を引く母親の手伝いを小学生の時に。折口会長も中学生の時から喫茶店で働き、学費がないので中卒後は自衛隊の少年予科に入りました。

昭和三〇年代以降の普通の家庭に育った子供は、生まれたときから裕福です。戦前や戦中世代の苦労は知りません。しかし、零細な家業に育った子供は親の苦労を見て育ちます。そして親が倒産や廃業すれば、子供の頃から働かざるを得なくなり、強烈なハングリー精神や自立心が身に付きます。逆にあまりに成功すると、子供は苦労を知らないバカ息子になります。家業のほとんどはこの二代目で潰れますが、結果として孫はハングリーな境遇で逞しく育ちます。自分が駄目なら息子が、息子が駄目なら孫の代で逆転するのです。

# 「大学まで出てたこ焼き？　何を血迷ったんだ！」

大学卒業→ヤナセ→大分スバル→たこ焼き移動販売→店舗展開→冷凍たこ焼きを開発

世界初の冷凍たこ焼きメーカー
**（株）八《はっ》ちゃん堂**
代表取締役社長　川邊義隆《かわべよしたか》

「ほんわか、ふんわか、ほんわかホイッ！」のメロディと、サッカーのワールドカップで脚光を浴びた世界一審判、スキンヘッドのコリーナ氏のテレビＣＭでお馴染みの「八ちゃん堂」。スーパーやコンビニ、ドライブイン等で売られている冷凍たこ焼きでは国内トップクラスのメーカーだ。

実は、冷凍たこ焼きを世界で初めて作ったのは、この「八ちゃん堂」。最近では、「冷凍焼きナス」もヒットし、福岡を本社として、日本全国でその名が知られるようになった。売上高はこの五年で倍の約四〇億円に急成長し、経常利益も約三億円。

今や超優良の食品メーカーだが、そのスタートは車一台からの移動販売だった。

## 登山に学び、ヤナセで営業に開眼。

川邊は昭和一六年福岡生まれ。大濠高校から福岡大学へ進学し、学生時代は山岳部主将として、年間一八〇日は山登り。富士山を除き、アルプス級の山はほとんど制覇した。

「あとで実感するんですが、登山と経営は全く同じ。大胆な目標に挑戦する行動力が必要だが、万が一の時のリスク回避や決断力も欠かせない。大胆さと繊細さ。登山からはこの二つを学びましたね」。

就職は外車販売のヤナセ。父親が大分スバル自動車の社長で、周囲も自分も自動車の道に進むことには迷いはなかった。川邊は、将来父の後を継ぐまでの修行として、大阪支店で営業を始めた。

就職してしばらくは「登山で立て続けに仲間の死に会い、哲学というか、うつ病気味に人生を考える日々」で芽が出なかったが、ある事件がきっかけで車の仕事に燃え出す。それは日産自動車とプリンス自動車の合併だ。実は川邊は大学の卒論で日産とプリンスの合併を予測・提言していた。それが一年後に現実のモノとなったのだ。

「大事件」を的中させ、川邊は自分の才覚と能力に自信を持つようになる。それからは闇雲《やみくも》に営業で走り始め、入社数カ月後に初受注を上げる。父親に報告すると「そうか、一〇〇件回って一台売れたのか。じゃあ一〇台売るのも簡単だ。一千件回ればいいんだから」。なるほど確率論だと、川邊は毎日数をこなすことだけを考えて回った。当時は舗装されてない道も多く、川邊のズボンは下半分が砂塵で真っ白になるほどだった。

こうして一年後、川邊は新入社員ながら全社で営業トップになる。

「売ってナンボの大阪商人。いくら商品が良くても、売らねば意味がない。営業力の大事さ、大阪商人の力強さというか、ここでビジネスの基礎を叩き込まれましたね」。

## 「このままでいいのかっ」。

ヤナセには四年在籍したが、義理の父が急逝。乞われて妻の実家の家業である藤原竹材本店に入社し、経営の立て直しに従事する。

そして役目を終えた五年後、川邊の父が経営する大分スバル自動車に入社。営業課長、営業所長を経て、周囲も本人も誰もが将来の社長を継ぐものと考えていた。

「でも、なぜかわかりませんが、何か自分でやりたかったんです。何でもいいから自分で経営したかった。それと、自動車販売に興味を失ってもいましたね。車はメーカーの縦割り社会で自由に販売できない。自主独立の商売は何かできないかと。

当時三五歳を迎え、焦っていました。このまま四〇歳を超えるとぬるま湯に浸かってしまう。独立する最後のチャンスではないかと考えました。

当初は大分スバルの新規事業として、ホームセンター、住宅展示場、造園・エクステリアを考えた。会社が六千坪の土地を持っており、その有効活用が出来ないかと考えたのだ。

特に住宅展示場は真剣に入れ込み、各社バラバラの展示場を一カ所に集約すれば、客が喜ぶのではないかと大手住宅メーカーを説得。今ではメーカー共同の住宅展示場は当たり前だが、当時はほとんどなく、三社から内定を取り付けていた。メーカー縦割りの自動車業界で出来ないことを、住宅業界でできないかと一所懸命考えたのだ。

しかし、父親は川邊の提案にことごとく反対した。

「車だけでも大変なのに、本業以外のことがやれるか。そんなに事業がしたいのなら一人でやれ。事業というものは、本来、一人でやるものだ」。

## 「なぜ、たこ焼きなのか？」

こうして父から同意を得られぬまま、昭和五二年、三六歳の時にたこ焼きの移動販売を始めることに決める。

「そのまま居れば、大分スバルの社長の椅子が待っているのに。それもたこ焼きだなんて、何を血迷ったのか。大学まで出たのに、バカじゃないか」と周りは大反対だった。

なぜ、たこ焼きだったのか。実はその二年前、営業所長をやっていた川邊のもとに、後藤という男性がスバルのバンを買いに来た。五〇万円の新車を買いたいが、所持金は五万円。何とか分割で売って欲しいという。

規定の頭金にも足りなかったが、月間目標まであと一台ということもあり、川邊は所長権限で販売。聞くと、車でたこ焼きの移動販売をやるという。

商売に興味を持っていた川邊は、回収の心配もあり、後藤に毎日三カ月間、売上の報告をするように約束を取り付けた。

後藤は大分の飲屋街の一角で販売していたが、土日は一日六万円。平日も悪くても三万五千円で、一カ月で約一三〇万円くらい。それから一年以内に後藤から車の発注が二台、二台、七台と相次いだ。計算上は車一台で年間売上一五〇〇万円で、原価なんかは知れている。この商売はスゴイと思ったという。

ただ、その後、後藤は商売に成功はしたが、放漫経営で事業を廃業。成功が原因で、金銭感覚が狂い、失敗することがあるということも初めて知った。このことは、川邊にとって後々教訓になった。

父親と対立し、もはや資金援助も得られない川邊は、この時のたこ焼きを思い出した。「あれなら資金がなくてもできる。ライバルもいないに等しい。当時は小僧寿司やマクドナルドが広がり始めた時期だが、たこ焼きは和製ファーストフードとしても面白い。移動販売でも、企業化ができるんではないか。とにかくやってみよう」。

## 一八万円の中古車でスタート。

妻に相談すると、意外にも「それはいいわ。面白いじゃない」と賛成。こうしてたこ焼きを始めることにしたが、当時の貯金は一八万円しかない。山岳部の仲間で資産家の息子だった親友に借金の相談をすると、ポンと二〇〇万円を振り込んでくれた。

さて、場所をどうするか。最初は博多駅近くの民家でやろうと準備をしていたが、目の前が〝その筋〟の親分宅とわかり、恐くなって撤退。当初は人口一〇〇万人の福岡市しか頭にはなかったが、ある日、福岡県の地図を逆さまに見てみた。

そして福岡県南部の大牟田・久留米・八女等の人口を調べると、車の三〇分圏内で約七〇万人の商圏があることを発見する。その範囲をコンパスでグルリとやると、中心に当たるのが瀬高《せたか》という町（現在の本社がある場所）。見たことも聞いたこともない町だったが、「こんな田舎なら土地も人件費も安いはず。直感で決めました」。

瀬高の町を車で何度も行き来し、火事で燃えたガソリンスタンドの跡地を格安の月三万円で賃借。事務所は火事で窓硝子も割れていたため、なんとダンボールの上に寝袋で寝泊まりしながら準備にかかった。

ビニールとパイプで「本社」を作り、夜はろうそくで生活。水道や電気の配管工事も自分でやり、約二〇日間ほど泊まり込んで作業した。

後で聞くと、周囲の住民は「火事場の跡に乞食が住み着いた」と思ったらしいが、川邊は「山岳部出身だから野宿は慣れている。全く苦にはならなかった」という。

一八万円の中古のバンを分割払いで買い、プロパンガスと作業台を入れ、宣伝の為のマイクも設置。一台しかなかったが、車体にはペンキで「八ちゃん堂・全国FC本部」と入れた。最初からチェーン展開を考えていたのだ。

作り方は全くの素人。見よう見まねで小麦粉を溶き、タコとキャベツを切って走りだした。初出動は昭和五二年二月。久留米の町中でマイクを握り、「おいしいたこ焼きだよー」と意を決して叫んだが、通りがかりの人は遠巻きに眺めるだけ。初日は数千円の売上に終わった。

その後も一日一万円〜二万円の時期が続いたが、徐々にファンもついてきて五月の連休前後からブレイク。妻が「私も売ります」と言うので、すぐに二台目の車を購入し、妻にも回らせると一日で六万円の売上になった。

今でこそ、たこ焼き店はスーパーや専門店も沢山あるが、当時は祭りの露店や移動販売のみ。接客はないに等しく、たこ焼きも新聞紙に包む程度で不衛生だった。

タコ焼きの企業化を目指していた川邊は、制服制帽を着用し、髪や爪の身だしなみも清潔にした。「いらっしゃいませ、ありがとうございます」という接客サービスも徹底。マニュアルもつくり、たこ焼き移動販売の近代化を実行に移していく。

従業員の採用も進め、夏には車は五台となり、年末には一一台になった。売れる時には一台で一日六万円の売上。その三分の一は売り子さんに払い、そこから材料の仕入れ代やプロパンガス代、車代を差し引いても、粗利は五割前後になった。

創業一年後に納税した金額は約八〇〇万円。元来、領収書も請求書もない商売なのでいくらでも誤魔化せたが、川邊は正直に申告した。

税務署は「創業初年度に数百万円も納税した人は初めて」とビックリしていたという。

## 〝その筋〟の脅しで固定店舗へ転換。

翌年には移動販売車は二五台となったが、規模の拡大と共に問題も発生した。〝その筋〟からの脅しである。元々、露店商や移動販売の世界はその筋が取り仕切っていたが、新参者の「八ちゃん堂」が「挨拶もなしに」伸びてきたことで激怒。撤退するか、一台当たり月四万円を払えと言う。

そんな世界とは露とも知らない川邊は「筋の通らぬことには一円も払わない」と断固拒否。ベルトにドライバーを忍ばせ万一に備え、事務所には「たこ焼きに市民権を!」と決意表明。命の危険を感じながらも抵抗を続けた。しかし、ある時にはパトカーが数台も殺到するほどの騒ぎが起き、従業員も怖がって皆辞めてしまう。

言ってみればピンチであるが、この頃にあらためて川邊は確信する。

「同業者は経営の本質において、旧態依然としている。また、大企業やエリートは嫌がって参入できない。しかし、市場は確実にある。

俺は大学を出て、車業界でビジネスやマーケティングも学んでいる。おそらく、たこ焼き業界では最高学歴ではないか。正当なビジネスとして闘えば、必ず勝てる。これはスゴイ宝の山を掘り当てたのではないか」と。

しかし、移動販売のままでは企業化ができない。そんな時に〝その筋〟の親分が言った言葉を思い出した。

「お前は素人のクセして俺達の領域に入ってきた。これが移動販売や露店商ではなく、店舗をやってたら何も言えないがね」と。

そこで始めたのがロードサイドの固定店。建築基準法の対象外となる二・九八坪の店を作り、これを三九〇万円でFCとして売り出した。たこ焼きに加え、ソフトクリームも売れるようにして「明日からあなたもオーナーとしてやりませんか？」と募った結果、これが当たった。三年後には九州全域で約八〇店舗にもなり、「八ちゃん堂」はFC本部として食材を供給。年商も約三億円へと大発展した。

ところが規模の拡大と共に、各店舗の衛生管理等に問題が次々に発生。チェーン店の統一性を持たせるのが難しくなり、数年後には固定店舗の新規募集はストップすることになる。移動販売に続き、固定店舗チェーンでも事業の壁に突き当たったのだ。

## 冷凍たこ焼きの完成。

実は創業二年目頃から、川邊は当時出回りだした電子レンジにヒントを得て、冷凍たこ焼きの開発に着手している。最初は焼いたたこ焼きを家の冷蔵庫で凍らせ、解凍して食べてみた。しかし、単純に焼いたモノを冷凍するだけではまずい。焼きたてではなく、一旦冷凍して解凍したときに旨《うま》くなければ意味がない。

何度も試行錯誤を重ねていたある時、内部に空洞があるたこ焼きが偶然出来た。食べてみると、焼き立てと変わらない美味しさが再現できている。

「まさに、これが追い求めていた味と食感だと確信しました」。

日本初・世界初の冷凍たこ焼きの完成である。

こうして冷凍たこ焼きの自動製造装置を自社で開発し、製造特許を出願。川邊はドライアイスで冷やしたたこ焼きを背中に背負い、商社や問屋・小売店を訪ね回った。

どの問屋からも「たこ焼きの冷凍？　そんなものが売れるはずがない」と相手にされなかったが、小麦粉の仕入れでつき合っていた日清製粉の担当課長に見せると、

「これは面白い。味も冷凍品とは思えないほど美味い。いけるかも知れない」。

当時、冷凍麺に替わるヒット商品を探していた日清製粉は、「八ちゃん堂」の冷凍たこ焼きの完成度を高く評価。販売を引き受けることになった。

その後は甲子園球場や特急列車の車内食にも採用され、地元福岡の博覧会出店時には、半年で約

四千万円もの利益を出すまでになる。

これで弾みがつき、大手スーパーやコンビニも次々に「八ちゃん堂」の冷凍たこ焼きを採用。全国チェーンの居酒屋やドライブインでも定番となった。

平成五年には敷地面積約一万坪の新工場も本格稼働。一日に一〇〇万個の冷凍たこ焼きを製造するまでになる。

今では大手冷凍食品メーカーも冷凍たこ焼きに参入しているが、「八ちゃん堂」は約四〇の製造特許を持ち、中に空洞が出来るたこ焼きは他社もマネが出来ない。使うキャベツも輸入品ではなく、有機低農薬の地元産。卵も、仕入れて二四時間以内のものしか使わない。

こうしたこだわりと味の良さは流通業界でも高く評価され、仕入れ商品の品質には一番厳しいとされるセブンイレブンも、たこ焼きは「八ちゃん堂」を採用している。

平成七年からは、これも日本初・世界初となる「冷凍焼きナス」を発明して大ヒット。ベトナムに直営農場と加工工場を持ち、大手外食チェーンや一流レストランでも使用されている。

二五年前、中古のバン一台で始めた露店商は、今や年商は約四〇億円で経常利益も三億円を突破。食品メーカーとしてはバツグンの財務内容を誇る。冷凍たこ焼き・焼きナスの専業メーカーでは日本一、世界一。二〇〇三年からは、医院向け給食事業もスタートした。

成功の秘訣は何か。当時、移動たこ焼きというアウトロー(?)な業界ではライバルがいなかったこと、山岳部出身で泥臭いことも平気だったこと、自動車業界で培った営業力やマーケティング力を持っていたことなど、いろいろあるが、決め手は妻・勝代の存在。

自動車会社の次期社長の座を捨て、たこ焼き屋をやるという夫に「それはいいわよ。ぜひやりましょう」と言える女房はそうはいない。しかも、当時貯金は一八万円しかなく、小学生以下三人の子供も抱えていた。何とも度胸のある妻である。

# 「あの時は、会社を辞めようと何度も考えた」

東京大学→全共闘運動→家業へ→拡大→経営危機→再建→日本有数の菓子メーカーへ

ホワイトデーの創案者
**(株)石村萬盛堂《まんせいどう》**
代表取締役　石村僐悟《ぜんご》

バレンタインデーのお返しの日とされる三月一四日のホワイトデー。実はこのイベントを昭和五二年に日本で最初に創案・実施したのが、九州最大級の和洋菓子メーカー・「石村萬盛堂」の三代目、石村僐悟だ。

商品アイテム数は日本最大級・常時四〇〇～八〇〇の和洋菓子を製造販売。店舗は「いしむら」「ボンサンク」「萬盛堂」等の名称で、福岡を中心に約六〇店をチェーン展開し、年商は八〇億円を超える。

商品では宮内庁御用達の「鶴乃子《つるのこ》」が有名だが、最近では「塩豆大福《しおまめだいふく》」「小さなショコラもち」などがヒット。ケーキ菓子「ショコラボアア」が第三二回のモンドセレクション(世界的な食品コンクール)で金賞に選ばれるなど、業界内での評価も高い。菓子業界も長期不況だが、石村萬盛堂は過去一〇年連続で増収を続けている。

創業は明治三八年(一九〇五年)。初代石村善太郎が博多の演劇家・川上音二郎(オッペケペ節が有名)の家の一階を間借りして開業。間もなく、餡をマシュマロで包んだ「鶴乃子」が大ヒットし、博多の銘菓としてその名を全国に轟かせた。

その後、戦争で二年間事業を中断したが、終戦直後の昭和二〇年に二代目石村善右により再興された。現社長・石村僐悟は昭和四六年に入社。昭和五四年に三代目の社長となり、前記のように社業を大発展させている。

平成五年より、郊外型の和洋菓子複合店舗「いしむら」を次々に展開。一店舗の平均年商は一億三千万円で、初年度から黒字という新業態を確立した。また、「いしむら」のFC店には年商二億円を超える店もあり、加盟希望者が殺到している。

今後も九州一円に「いしむら」を積極展開。二〇〇五年の年商一〇〇億円・株式上場を目指す。

## 生徒会長から東大のエリートコース。

石村は昭和二三年六月、博多区の石村萬盛堂本店で生まれた。小学生時代は野球に没頭。当時は西鉄ライオンズ全盛期で、石村は小学校のエースで四番を務めた。また、当時の「萬盛堂」で菓子職人をしていた俳優の小松政夫には、剣道を教えてもらった。

県下有数の進学校である修猷館《しゅうゆうかん》時代には生徒会長を務める一方、当時流行っていたベンチャーズの影響を受けてエレキバンドを結成。「この頃の修猷館はバンカラ校風で良かった」という。大学は東京大学経済学部に現役で合格。

「最初は商科が充実した一橋を考えていましたが、恩師の強い勧めがあって東大を受験。商売人に東大は無意味と親父は反対しましたが、卒業したら家業を継ぐと約束しました」。

余談だが、石村は修猷館時代に学年一番になったことが三回ある。普段は勉強せず、しかし、試験前に一夜漬けで勉強すると「出題が読めた」という。いわゆる天才肌だ。

大学入学直後、石村は大失恋する。高校時代に付き合っていた彼女を、なんと親友に奪われたのだ。ノイローゼ状態になり、「夜も真っ暗になるのが恐くて電球を着けたまま」。そんな石村に、父親は迷いを断ち切れと「莫妄想」（考えても仕方がないことは考えるな：無学祖元）の言葉を贈る。

当時の東大は学園紛争の真っ盛り。失恋から立ち直った石村は東大紛争にのめり込み、経済学部自治会委員長として対立する学生と闘う。しかし、福岡出身の総理大臣・広田弘毅が創設した下宿では、外では闘っていた学生とも仲良く語り合ったという。

卒業後は大学院に数カ月籍を置いたが、結局その年の一〇月に「石村萬盛堂」へ入社した。

「やはり、親父との約束を守るためです。同期が大蔵官僚や超大手企業に就職し、多少は羨《うらや》ましかったですね。当時から『鶴乃子』は有名でしたが、年商は三億円位で従業員もパート含めて五〇人位。まあ、零細家業ですよ。おそらく、もっと小さいか、もっと規模が大きければ、そのまま家業には入らなかった。

本音を言えば、最初の一〇年間位は菓子屋じゃなくて、〝もっと他の道があったかも知れないなあ〟と考えることはありましたね」。

## 飛び込みで結婚式場を新規開拓。

昭和四六年、〝しかたなく〟東京営業所に配属された石村は、当時の看板商品「鶴乃子」を抱えて土産物屋などへ飛び込みで卸売り営業した。営業所とはいっても、社員は石村を入れて数名。博多では石村・鶴乃子の知名度はあったが東京では無名に等しく、どこも門前払いの日々が続いた。

その後、徐々に百貨店には物が入るようになるが、需要に限界を感じる。そこで石村が目を付けたのが、結婚式での引き出物需要だった。当時の引き出物はかさばる和菓子が中心。そこに石村は和洋折衷菓子の「鶴の巣ごもり」や洋菓子を提案。また、菓子屋が式場に提案営業しに来るのも珍しく、この石村の提案には式場が飛びついた。

「当時、和菓子が主流の引き出物市場に、洋菓子という新しい需要を開拓できた。同じパイを食い合う競争ではなく、新しい需要を創造すれば共存共栄できる。今のような経済情勢では甘い考えかも知れませんが、本当は競争をしたくない」。

祖父は、〝他人が四角ならこっちは丸だ。人マネはするな〟と丸いパッケージの「鶴乃子」を開発したという。その言い伝えが石村の中にも受け継がれていたのか。

ちなみに、現在の結婚式の引き出物市場で、「萬盛堂」は東京でもベスト3。九州では約三四パーセントのシェアでトップだ。

こうして東京で五年間過ごした石村は昭和五一年、福岡へ戻る。石村二八歳の春だ。

## ホワイトデーを創案。

昭和五二年、石村は帰福早々に、今では国民行事になるイベントを創案する。日経のデータブックにも記されている、ホワイトデーだ。

ある日、石村が何気なく少女雑誌を見ていたところ〝バレンタインデーに私達があげるのに、お返しがないなんて不公平ね〟という記事があった。

「そうだ、男性から女性へのお返しの日を提案すれば面白い。すぐに社内で会議をし、企画を岩田屋(福岡の老舗《しにせ》百貨店)に持ち込みました」。

チョコレートのお返しは、「鶴乃子」等で得意だったマシュマロを提案。「マシュマロデー」としてイベントを実施した。イベント自体の売上は大したことはなかったが、マスコミがこぞって取材。数年後からは同業他社もイベントを実施し、いつのまにか「ホワイトデー」として定着した。今では菓子業界のみでなく、あらゆる業界がホワイトデーに参入し、その市場は一千億円といわれる。

まさに究極の「需要の創造」だ。

また、昭和五四年には洋菓子の別ブランド「ボンサンク」を開発。〝和菓子屋がやる洋菓子は成功しない〟というジンクスを打ち破った。その方法はこうだ。

当初は洋菓子を和菓子と同じ「萬盛堂」の売り場で売っていたが、なかなか思ったように売れない。そこで石村は、店を間仕切りで完全に半分に分断。電話も別にした。「設備も人員も倍かかる無駄なことをしている」と不満も出たが、結果は新しい顧客が大幅に増え、現在では「ボンサンク」は洋菓子ブランドとして完全に定着した。

「どの業界もそうですが、会社・店舗に知名度が出れば、本業以外の商品もついでに売れるのではないかと思う。うちも『鶴乃子・石村萬盛堂』の知名度を使えば洋菓子も売れると踏んだが、なかなか売れない。『萬盛堂』＝和菓子のイメージがありますからね。

消費者はやはり、洋菓子は洋菓子の店に行くんですよ。餅は餅屋です。思い切って新ブランドを創って良かったですね」。

## 父との格闘。

実際、別ブランドを創るのは新しい会社をやることと同じ。起業家精神・行動が必要になる。しかし、二代目・三代目はどうしても先代のやり方を守るというか、起業家意識がないことが多い。石村には三代目としては珍しい起業家精神がある。

このように、石村は新しいことを次々に手がけたが、結果として親父・善右と対立することは多かった。最大の対決は昭和五四年の博多駅店改装。石村は約三千万円をかけ、洋菓子を強化した斬新なアイデアを提案したが、父はすぐに却下。八〇〇万円の改装しか許さない。「ボンサンク」には許可を出した父だが、「メインは『鶴乃子』を中心とした和菓子でいい。大改革は不要だ。あんたの代になったらやればいい」と無視を繰り返す。

「あの時は、もう会社を辞めようと、何度も本気で悩んだ」が、当時、父は病気で寝たきりの状態。〝身の丈以上のことはするな〟という、二代目らしい慎重な父の教えにも重みはあった。

しかし、昭和五四年末に父が死去。三代目の社長に就任した石村は、「父の死を乗り越えるためもあって」念願の博多駅店大改装に取り組む。周囲は大反対したが、結果は年間売上で初の一億円を突破する店になった。

「あれで周囲も見る目が変わり、強烈な自信となりましたね」。

三一歳という若社長の派手な船出だった。

## 過大投資でピンチ。本社屋も売却。

博多駅店の成功で勢いに乗った石村は、和菓子・洋菓子の新商品開発を次々に実施。「鶴乃子」に依存していた老舗の構造改革を進める。店舗も、和菓子の「萬盛堂」、洋菓子の「ボンサンク」に加え、高級菓子の「萬年家」、手軽な和菓子の「甘市場」などの新業態を開発した。昭和六二年には、現在の発展の基礎となる和洋菓子複合店舗「いしむら」第一号店を大橋駅前に出店。これも当たり、生産が間に合わなくなることもあった。

そして、石村は、当時の年商の半分にあたる約一四億円をかけて新宮の最新鋭工場建設に着手。工場は昭和六三年六月に完成し、大発展の礎《いしずえ》ができた。

ところが翌年に金利が暴騰《ぼうとう》。当時、勢いに乗って年商を越える借金をしていた石村は、一気に窮地に陥る。「まさに親父のいう、身の丈以上のことをしてしまった」のだ。

加えて、中央から進出した大手菓子チェーンとの競合も激しくなり、売上の伸びにも急激にブレーキがかかる。まさにダブルパンチで、創業以来最大の経営危機を迎えた。

石村は毎日早朝に出勤し、神棚に向かって策を練る。そして、金利暴騰の数週間後から思い切ってリストラに着手した。七店の赤字店を閉鎖し、ＦＣのドーナツ事業や関連の印刷会社を売却。果ては、石村の母が住んでいた本社屋も土地ごと売り払った。

しかし、人材面では定年退職・自然減のみで、解雇や給与削減はしなかった。各部署に目標を設定し、達成した場合は逆に大幅な昇給・賞与アップを実施。そして、今まで五人でやっていた仕事が三人で済むような業務の効率化をすすめ、結果として筋肉質の会社に生まれ変わったという。

「最大の敵は、自分の見栄でしたね。老舗で名も知られているし、店舗の閉鎖などは恥ずかしかった。ましてや本社屋を売却するときは、まさに清水《きよみず》の舞台から飛び降りるような決断でしたね。

でも、あの窮地があったからこそ、大きく成長できたし、今の会社と私がある。ピンチに遭い、リストラに成功したのは本当に良い経験だった」。

結果としては赤字転落も免《まぬが》れ、リストラは平成三年に終了。翌、平成四年から再び「いしむら」等の積極展開を始めた。

この頃は、世間は逆にバブル崩壊でリストラに走る企業が続出。一足先に脱した石村の元には、「リストラ成功者」として講演依頼やマスコミが殺到した。

## 郊外店「いしむら」の成功。FC展開でも地力を発揮。

平成不況の中、「石村萬盛堂」の平成四年以降の業績は毎年増収増益。菓子業界も長期低迷を続けているが、石村は社長就任時の売上八億円を、現在では九倍の約八〇億円に持っていった。

「いしむら」の強さはその商品力。商品アイテム（種類）は、季節にもよるが約四〇〇～八〇〇種類を開発。今も毎月新商品を五～一〇種類は発売する。

「〝いつ来ても何か新しい〟と感じてもらうのがポイント。競争ではなく、新しい需要を創造すること。そして、常に顧客のニーズを先取りした〝変化対応業〟であること。古い業界にありがちな〝俺は老舗の菓子屋だ〟では取り残される。伝統に甘んじることなく、常に革新することが大事だと思います」。

コンビニ業界に見られるように、店舗の業績は競合店の出店で激変するが、「いしむら」はどの店も地域一番店。その圧倒的な商品力を恐れてか、「いしむら」が出店した半径一キロ圏には、この一五年間で同業は一店しか出店していないという。

新商品でも「水まんじゅう」や「塩豆大福」「小さなショコラもち」などのヒットを毎年連発。今後は「四〇〇億円の未開拓市場がある」九州を中心に、近い将来の株式上場も視野に入れる。

## 人生という経営。

「企業にとって、レーゾンデートル＝存在意義が非常に重要。何のために商売をしているのか。会社の社会的な存在意義は何かを明確にすることが大事です。

菓子は人と人との出逢いに欠かせないコミュニケーション産業ですが、その中でいかに当社の個性を発揮するか。これは個人のレベルでも同じですね。その基本はプラス発想。出来ない理由を探すのではなく、出来る方法を探すこと。

そして、常に自分を変えること＝脱皮が大事。人生という経営も、死ぬまで変化対応だと思う。いやいや継いだ家業ですが（笑）、この考え方で僕は菓子屋という仕事に天職を発見しました」。

今の大企業のように、成功した企業でも良い時は二〇年も続かない。また、創業者が亡くなると、その「一三回忌までにほとんどの企業は潰れる」（ランチェスター経営・竹田氏談）という。かつ、東大出身者は大企業サラリーマン経営者には多いが、オーナー事業家では滅多に成功しない。石村はそのジンクスを克服した希にみる三代目だ。

石村は「思うところがあり」八年前より、本店のトイレを毎朝七時から素手で掃除している。出張や早朝会議の朝も欠かさない。

「僕は派手なことばかりやってきて、性格が飽きやすい。ある時、社員に向かって〝君たちはなぜ、大事な基本が守れないのか〟と叱ったのですが、考えてみると、言ってる本人が実行していない。まずは自分を変えようと始めました。

革新や変化対応も大事ですが、一方では挨拶や掃除など、平凡なことを非凡に継続することはもっと大切。老舗として、または自分の生き方として、守るべきところは守る。大切なことは貫かねばならない。トイレ掃除という平凡なことを続けることで、自分自身も少しずつ変えていきたいですね」。

伝統と革新。これは各人の人生の命題でもある。

# 不マジメ学生、銀行マンを経て老舗を改革

福岡高校→甲南大学空手部→港湾荷役作業→福岡シティ銀行で営業→家業へ

日本一の明太子メーカー
**(株)ふくや**
代表取締役　川原正孝《まさたか》

明太子は博多を代表する名産品だが、今や製造メーカーは全国に二〇〇とも三〇〇とも言われる。この明太子を日本で初めて製造販売したのが、トップブランドの「ふくや」だ。

明太子の国内市場は約一三〇〇億円。その中で、「ふくや」は年商約二〇〇億円弱を売り上げる。他のメーカーと大きく違う点は、卸売りをしないこと。直営店と通信販売のみで、店舗は福岡を中心とした四〇店と、東京では浜松町のみ。空港や駅でも「ふくや」の明太子を見かけるが、あれはあまりに「ふくや」の指名買いが多いために、各店が「ふくや」店頭で買ったものを二割上乗せして売っているのだ。

また、特筆すべきは、特別な広告をせずに通販のみで年七〇億円を売り上げていること。過去の店頭購入者にDMを出すだけだが、単品の通販でこれだけの売上を上げる会社は全国にも数少ない。

創業は昭和二三年一〇月五日。韓国・釜山から引き揚げた亡父・川原俊夫夫婦が、天神の闇市を経て中洲で開いた食料品店が発祥。そして、翌昭和二四年一月一〇日に韓国の食品をヒントに、俊夫氏が考案して売り出したのが「味の明太子」だ。

当初はまったく売れずに川へ投げ捨てる日々が続いたが、ほどなく人気爆発。しかし、俊夫が最もすごかったのは、同業他社にも惜しみなく作り方を教え、現在のような市場を形成したこと。戦後の混乱期で皆が貧しかったとはいえ、なかなかできることではない。

また、明太子で財を成した俊夫だが、余分な金はすべて地域への寄付や山笠につぎ込んだ。正孝が家を継いだ時には、「驚くほど財産が残っていなかった」という。

関連会社では辛子高菜《たかな》、宝くじ販売、システム開発などを手がける。常に「もし、明太子の原料がなくなったらどうするか」という問題意識を持ち、新規事業やベンチャー育成にも意欲的だ。

## 運輸会社で港湾現場監督になる予定だった。

川原は昭和二五年三月一八日、両親が引き揚げ後に開店していた中洲市場で生まれた。福岡高校から昭和四四年に甲南大学へ入学した川原は、高校時代から続けていた空手に没頭。毎日、空手に明け暮れていた。

昭和四〇年代当時の日本は景気も絶好調。平成バブルと同じく、人手不足で就職は簡単だった。早い学生は、三年の春には内定を貰っていたという。

しかし、川原は就職活動を全くせず、空手とアルバイトに明け暮れる。同級生が住友生命や安宅産業、UCCなどに決まっても焦りはなかった。アルバイト先の運輸会社で、そのまま働こうと思っていたからだ。大阪の港湾で荷物を上げ下げする仕事だが、他の大学の空手部の先輩がいる会社でもあり、本当に好きな職場だったという。

「大企業のサラリーマンなんて興味なかったし、荒くれ男の職場が私には合っていた。ここで、将来は現場監督になって、仕事の後は皆と馬鹿騒ぎをする。それが私の生きる道と思ってましたよ。それに、先輩から〝お前は大卒だからすぐに現場監督だ。ここで三年頑張ったら、どんな人事や商売もやれるぞ〟とも言われ、その気になってました」。

大学四年の六月、空手の西日本大会が福岡で開催。四針を縫う怪我をしながらも、先鋒の川原が率いる甲南大はベスト8に入った。そして、久しぶりにあった母から「ようやく解放されたね。ところで就職はどうするんだい?」と聞かれた。

「いや、もうすでに決まっている。空手部の先輩がいる大阪の運輸会社で、俺は港湾労働者の現場監督や!」

当然、博多に帰ってくると思っていた川原の母は、慌てて兄の健に相談。健が福岡相互銀行(現、福岡シティ銀行)に勤めていた関係で、すぐに銀行の面接を受けさせられた。

## 最下位の成績ですべりこみ入行。

前述の通り、当時は平成バブルと同じ売り手市場のまっただ中。川原は丸刈り頭にサングラスという、ヤクザそのものの姿で福岡相互銀行の面接・試験を受けた。

「英語は全くわからなかったので白紙で出しました。他の試験もガタガタ」だったが、七月末には内定が出た。兄の健は、当時の福岡では珍しい慶応大学卒の秀才。銀行も「あの健の弟ならいいだろう」ということで採用したらしい。後でわかったことだが、入社八八人中、成績は最下位だったという。

兄の七光りで入社した川原は、当時西のはずれの店舗、荒江支店(福岡市早良区)に配属された。当時の支店は人事管理がうまくいっていない最悪の状態。同期は皆、天神や博多駅周辺だったが、コネ・情実入社・成績最下位の川原には無理もない配置だった。

しかし、それから川原の本領が発揮される。銀行の仕事は、預金を集めることと集めた金を貸すことだが、川原は誰よりも多く廻った。「兄のコネと試験も最下位入社という後ろめたさがあった。だから、絶対に同期には負けられないと、強く意識はしていました」。

たまに支店長が同行営業することもあったが、一日に五〇〜一〇〇件とあまりに多くのお客さんをハイペースで廻るので、いつも支店長は途中で「もういい」と退散。また、早朝や夕方には老人会の集会にも参加して、年金預金をごっそり獲得するなどの奇行で、毎月月末三日前にはノルマを達成。セカセカ歩く同業営業マンを横目で見ながら、喫茶店で一服するのが日課だった。

また、ある時には同業他社である西日本銀行や福岡銀行の優秀な行員の後をつけて、行く先々の顧客をデータベース化。後日、その潜在顧客を片っ端から訪問し、ライバルから根こそぎ奪い取った。

一方では、真夏の暑い一時から三時までは管理人室で昼寝をしたり、営業時間中に公然とサウナに行ったりしたという。

「仕事をやるときはやる。遊ぶときは遊ぶ。だらだらと時間をかけるのは好きじゃなかった。だから、上司に文句を言わせないよう、数字はキチンと出しましたね。それに、スポーツで鍛えていたからか、キツイと思ったことは一度もない。何でも努力すれば結果は出ると、空手の試合経験でわかってましたから」。

川原は会社規定の日誌とは別に、独自の訪問日誌を前日一時間かけて作成。例えば団地千件を一日あたり五〇～一〇〇件に分け、一件ずつ何をお願いするか、営業するかを決めていた。

この型破り営業で、新規契約高では常に社内№・1クラスの実績。「川原日誌」は全店の営業モデルツールとしても使われ、入社六年目には昭和四八年入社同期トップで支店長代理に。二九歳の本店営業部の時にはエリートコースの労働組合中央執行委員長にも選ばれた。

当時はオイルショック後で不況の昭和五〇年代前半。業界の労働組合の集まりがあったが「この不況には、四七年～四九年入社組は使いものにならないねえ。福相さん(福岡相互銀行)もその年代はカスばっかりでしょう。困ったもんですよ」と会話が弾んだ。

他行は皆三三～三五歳位で、二九歳にしては老けて見られた四八年入社の川原は笑うしかなかったという。まさに、今のバブル入社組と同じ様相だったのだ。

## 父が倒れ、「ふくや」へ転職・入社。

荒江支店でめざましい業績をあげた川原は、本店営業部へ異動となる。そんな昭和五四年の夏、父・俊夫から、健と正孝に家業を手伝ってくれないかと打診があった。当時、俊夫は六七歳。その三年前から胃潰瘍を患い、健康状態が急速に悪化しつつあったのだ。その時、兄の健は福岡相互銀行の大名支店長、正孝は本店営業部の部長代理。

正孝は部長代理とはいえ、身軽な営業の身。それに比べると、健の大名支店長という立場は銀行内でも重要で、すぐには離任できなかった。

「銀行の仕事も乗りに乗っている時で、かなり悩みました。大学卒業時には家業を継ぐとは全く考えていませんでしたが、徐々にいつかは帰らねばならないかなとは思ってました。

昭和五〇年代に入ってから、『ふくや』は新幹線の開通などもあって事業は急速に拡大。一方で、親父の体調が良くないのは知っていました。ただ、家業を継ぐにしても、銀行の仕事は手を抜きませんでしたよ。〝あいつは銀行でダメだったから家業に戻った〟とは言われたくなかったんでね。戻るなら、トップの時に戻ろうと思っていました」。

そして翌年の七月に俊夫が死去。母の千鶴子が社長となり、正孝は前年の昭和五五年の一〇月に銀行を退社。取締役営業部長として「ふくや」に転職した。

## 店は大繁盛だが、接客は最悪。

当時の「ふくや」は年商二〇億で社員は約六〇名。創業以来の食材卸も手がけていたが、明太子が爆発的に売れていた。店は中洲本店と薬院店のみ。いつも店は満員状態で行列ができることもしばしば。しかし、その結果、店員は客を捌くことばかりで挨拶もしない。繁盛店にありがちな「売ってやる」という態度。「くわえタバコをしたままで商品を渡す。〃いらっしゃいませ〃も〃ありがとうございます〃もない。それでも商品は売れる。だからますますつけ上がる。とにかく接客は最低でしたね」。

当時は同業他社も乱立状態。卸をせずに直営店も二店だけの「ふくや」は、量販店向けに大量販売する同業に抜かれ、業界第三位に落ちていた。また、「先代が亡くなって『ふくや』の味も落ちた」という中傷も流されていて「危機感は相当にありましたね。そして、まずは挨拶からだと思いました」。

銀行員時代に窓口応対コンクールで三位になった経験のある川原は、従業員教育に力を入れた。男性社員には社名入りの制服を着用してもらい、接客マナー改善を口うるさく言った。また、研修を頻繁に開き、講師は銀行時代の電話・応対コンクールトップの元同僚に頼んだ。

しかし、ぬるま湯に浸かっていた永年の習慣はそう簡単には変わらない。川原は当時三〇歳。当然、古参社員とはぶつかった。パートのおばさんからは総スカンを喰い、多くの男性従業員が辞めて行った。

「多くの二代目は、先代と一緒にやってきた古参社員を大事にする代わりに悪弊をも温存する。悪いとわかっていてもなかなか変えられないんです。でも、僕は学生時代から喧嘩には慣れていたし、銀行時代も相手が年上であろうと正しいと思うことは貫いてきた。

辞めた従業員の方には申し訳なかったが、商店を企業にせねば生き残れないと思っていたしね」。

当時の社長、母の指導で、女子社員には書道や茶道を学ばせた。店頭での接客や、贈り物用ののし紙に宛名を書く時のためである。漢字検定試験を今だに受けさせているのも、その流れだ。また、川原は接客以外の生産や品質管理にも改革を進めた。昭和五〇年の新幹線博多乗り入れや地下鉄の開通で「博多の明太子」を土産に買う人が急増。同業も四年で五〇社が一二〇社に増えていた。

ブームとなった激辛志向も後押しし、「ふくや」も川端工場に続いて昭和五六年には清川《きよかわ》に第二工場を建設。五七年には本社ビルをオープンし、五八年には空港通り支店と早良区西支店を開設した。そして、五九年には兄の健が銀行を退社して専務として入社。当時、年商は約六二億円になっていたが、規模ではNo・1の座を「やまや」に譲り渡していた。

そして、健の加入で新たな体制が整ったある日、「ふくや」の大発展のきっかけとなる記事が日経新聞に載った。

## 老舗か、業界最大手か。

「業界最大手のやまや、老舗のふくや」。その記事は明太子業界の競争を扱ったものだったが、川原ら兄弟の心は悶々とした。直販にこだわり、卸をしない「ふくや」。一方、他社は積極的に量販店などに卸し、規模は拡大の一途。「このままでいいのか」。健と正孝は話し合い、「やはり、老舗であり、かつ最大手でいこう」。

それからの「ふくや」は多店舗展開に乗り出す。昭和五九年までは六店だった直営店は、現在四〇店舗。しかし、県外は東京二店舗のみで、他はすべて福岡県内。あくまでも直販で「博多のふくや」にはこだわっている。

また、通販システムの構築も早かった。昭和五九年、正孝は新工場建設の参考にと長野の菓子メーカーを視察。その会社が、電話受注だけで年間一億円を上げているのを目にする。当時の「ふくや」は通販もしていたが、受付は現金書留のみ。先に現金を送ってくれた客にだけ販売するという保守的なものだった。

「卸をしない直営店のみ、それも福岡県内のみでは販売量は限られる。回収の心配や即時配送の課題は、電話・コンピュータシステムを開発すれば対応できるのではないか」。

正孝はすぐに兄の健に相談し、健が即座に決断。当時、出入りしていた福岡シティ銀行系列のSE・坂本(現、関連会社メディアシステム社長)と一緒に昭和六〇年、業界発の通販システムを開発した。

これで売上も急増。昭和六〇年六八億の売上は翌六一年には八〇億円、六二年には一〇〇億円を突破。現在の年商二〇〇億体制でも、通販は約半分を占める。

あまり知られていないが、「ふくや」は生産設備・品質管理でも先駆《せんく》的だ。昭和六〇年、多《た》の津《つ》に建設した工場は当時、西日本の食品業界では初のクリーンルーム(部屋を密閉し、チリや細菌を除去する)を設置した最新鋭のものだった。そして平成六年には敷地面積約二千坪の「ふくやフーズファクトリー」を竣工。平成一一年には環境マネジメントのISO4001を取得して最先端の品質検査体制を整え、新商品も次々に開発している。

## 危機をチャンスに変える。

明太子の売上は、原材料の高騰もあってこの数年は横ばい状態。しかし、関連会社の辛子高菜やシステム開発は好調だ。「ふくや」本体の新事業では、小売の「たべごろ百旬館《ひゃくしゅんかん》」を開店。グループでは二〇〇億円を越える大会社に発展した。

一見、順調に家業を継承してきたように見える川原だが、実は「ふくや」入社当時に大失敗を経験している。二代目の甘ちゃんと見られたのか、明太子の原卵仕入れでクズ物をつかまされたのだ。

「当時毎日二トンを漬け込んでましたが、その四分の一は商品にならない。毎月赤字が二千万円という状態が半年続き、会社が潰れるのではと、夜中に何度も飛び起きましたね」。

しかし、クズとは言っても原卵を包む袋が破れているだけで、中の卵には問題はない。これがきっかけで生まれたのが「数の子めんたい」で、翌年に大ヒット。今では貴重な主力商品の一つになった。まさに、危機をチャンスに変えたのだ。

元々の「ふくや」の出発点は、食材卸・小売業。昭和三〇年代には福岡の食材卸でベスト3に入っていたが、明太子の爆発的ヒットで今では明太子メーカーのイメージが強い。

「明太子はもちろん永久に続けます。でも、それだけでは成長には限界がある。今後は食材卸や小売業にも力を入れます。こちらは明太子よりもはるかに競争が厳しい業界ですが、市場は明太子に比べると天と地ほどの差がある。

スポーツをやっていたので競争は大好き。銀行時代のように、暴れまくってやりますよ」。

# 八坪の店に学び、日本一に育て上げた男の「仏壇太閤記」

小学生時代から家業手伝い→高校で生徒会長→大学卒業後→家業の仏壇店に入社

日本一の仏壇チェーン
**(株)はせがわ**
代表取締役　長谷川裕一《ひろかず》

「はせがわ」は、全国に約一四〇店舗を展開する仏壇仏具の製造小売りチェーン。業界では圧倒的なガリバー企業で、唯一、株式を福岡と大阪で上場している。

この数年は毎年過去最高の業績を更新し、年商は二〇〇億円を突破。平成九年から始めた墓石販売も毎年二〇～三〇パーセントの伸びを持続し、仏壇に次ぐ大きな柱に育ちつつある。

一時期はアジア・中国への過大投資で辛酸《しんさん》を舐めるが、本業回帰・高齢化社会到来で業績は絶好調。従来の郊外店に加え、二〇〇一年一二月には東京・渋谷、二〇〇二年四月には銀座に都心型の巨大店舗をオープンした。

渋谷道玄坂店はアロマテラピーとしてのお香や勾玉《まがたま》の携帯ストラップ、縁結びグッズなどを揃え、若年層も気軽に立ち寄れる新型店舗。単なる物品販売に留まらず、供養全般の疑問に対応する映像情報サービスにも注力し、店内では関東一円の霊園情報やオーダーメイド仏壇等、供養に関する様々な情報を発信している。

## 創業は仏壇の行商、露店販売。

長谷川は昭和一五年一〇月、筑豊炭田の福岡県直方《のうがた》市に生まれた。実家は父、才蔵が昭和四年に創業した八坪の仏壇店。才蔵は小学生の時に両親と死別し、九年間家具店で丁稚《でっち》奉公。二三歳で独立して、仏壇の行商、出張露店販売を経験した苦労人だった。

そんな父の厳しい教育を受け、長谷川も小学生時代から店の陳列やローソクの販売を手伝う。当時の納品・配達はリヤカー。三〇キロ離れた客に仏壇を納めるため、父のリヤカーを後押ししたこともあった。今の時代には想像もできない苦行だ。

学業成績は常にトップ。しかし、当初、高校に行く気はなかったという。

「中学を卒業したら父の商売を助けようと思っていました。母も父も学歴は小学校しか出ていないが、素晴らしい両親だった。商売に学歴は関係ない。だから、自分も中学を出ただけで十分だと思っていました」。

長谷川は「親孝行のために」地元の筑豊《ちくほう》高校へ進学。当時の筑豊高校は、毎年十数名の退学者を出すほど荒れていた。元来、正義感が強い長谷川は生徒会長に就任。学生側の要望を取り入れ、学校側に丸坊主制度を止めて長髪OKにしたり、「世話になった学校を皆で綺麗にしよう」と全校の掃除を取り入れるなどして学校を改革。一年で高校は変わり、退学者もゼロになった。

「おこがましいが、リーダーと環境で人、組織は変わる。そう、確信しました」。

この一件で、長谷川は「自分に不可能はない、自分は先生よりも偉い」と思った。考え方、行動力、リーダーシップ、全てに自信満々だったという。

ところが夏目漱石の「こころ」を読み、愛する女性を友人にゆずる場面に衝撃を受ける。「これは俺にできるだろうか」と悩み、もっと人間、国文学、哲学、命を学ぼうと、大学進学を決意する。

大学は京都の龍谷大学へ進む。西本願寺が経営する仏教の名門大学だ。ここで国文学を専攻し、三年次からは仏教学を学んだ長谷川は「改めて家業を継ごうと思いました。アメリカでは教会に行くが、日本では家の中に教会＝仏壇がある。それは先祖が命がけで引き継いできた文化であり、最高の精神文化だ。何という素晴らしい職業、仏壇で日本一になろうと決意しました」。

事実、長谷川は大学を卒業する際、担当教授や友人知人に「日本一」宣言をしている。当時は仏壇と言えば京都で、何百年と続く伝統や格式が重んじられる世界。福岡の田舎青年の夢は、単なるホラとしか聞こえなかった。

## 入社一年目、死者四五八人の炭坑事故発生。

大学卒業の昭和三八年、長谷川は家業である「長谷川仏具店」に入社。当時は石炭不況の真っ只中で、店のある直方＝筑豊は落ち込んでいた。人口は最盛期の半分に減り、地元企業も次々に倒産。若い人間は故郷を捨て、ましてや大卒の人間は見向きもしない町だった。しかし、長谷川は「何の迷いもなく」従業員六人の「長谷川仏具店」に入社する。

「尊敬する父と共に、仏壇を通して社会に貢献する。日本の心をつくる。強くそう思っていました」。どこまでも純粋なのだ。

入社のその年、世間的にも、「長谷川仏具店」にとっても大事件が発生する。大牟田の三井三池炭坑で爆発事故があり、四五八人が死亡するという大惨事があったのだ。しかし、だからといって、仏壇屋が営業をするなど、当時も今も、「人の不幸につけ込んで」という仏壇業界への偏見がある。このような時は、座して待つのが常識だった。

しかし、入社したばかりの長谷川は三池鉱業所の厚生課長を訪ね、「仏壇を納めさせて下さい」と営業に出向く。当然、厚生課長は「とんでもない。お前の商売の手伝いをしている場合ではない」と怒鳴り散らす。が、長谷川は少しもひるまず、言った。

「私は儲け本位でお仏壇を売っているのではありません。一家の大黒柱を失ったご遺族の方々は、これから何を頼りにして生きて行かれるのでしょう。ご遺族の心の中に残された、亡き方です。仏様です。その仏様をお祀《まつ》りするのがお仏壇です。商売なんて考えていません。私が今日、伺ったのは、ご遺族の方の心を大切にしたいと考えたからなのです」。

熱意に打たれた厚生課長は遺族名簿を渡し、長谷川は遺族宅を一軒一軒廻った。そして地元の寺に仏壇展示場を開き、約二カ月も泊まり込んでの出張販売。結果は、今も語り継がれる伝説＝超大型受注である。

後日、遺族が長谷川を訪ねに来た。

「その節は大変お世話になりました。あなたの〝両親が揃っていても子育てには苦労されるのに、なおさらのことでしょう。しかし、必ず仏様が力になってくれますよ〟と言われた言葉が今でも忘れられません。

あの時求めたお仏壇の前で、毎日のように〝お父様はここにいるのよ。いつもあなたのことを心配してみています。だから、何でも報告しなさい。お父さんは一緒になって喜んで下さり、悲しんでくれますよ〟と子ども達に言い聞かせてきました。亡き夫が、私たちの心の支えになってくれました。

おかげで息子も立派に成長し、今年、大学へ入学しました。これも仏壇が私達を支えてくれたから。仏壇のおかげで、夫がいつも私たちを見守ってくれました。あの時、あなたから仏壇を買って本当に良かった。有り難う」。

事故から一三年が経っていた。しかし、この一件で長谷川は「この職業は素晴らしい。人のお役に立てて、尚かつ一〇年、二〇年後も感謝される。まさに私の天職だ」と思ったという。

## 業界初のチェーン店、株式公開も果たす。

入社三年後には、製造部門の「長谷川仏壇製作所」を分離独立。小売りだけでなく、自社製造に乗り出す。そして、四年目には初のチェーン店である小倉店を出店。毎年のごとく、九州各地への出店を行なった。

昭和五四年には関東に進出。今は都心部の銀座に移っているが、当時は「気が狂ったかと言われた」田舎道の国道一六号線沿いに大量出店した。

また、昭和五九年には「有名仏閣の改修工事は京都の業者がやるもの」という常識を覆し、西本願寺の阿弥陀堂内修復工事を受注。一般の仏壇だけでなく、高度な専門技術力があることを内外に轟かせた。

そして昭和六三年には年商一〇〇億円を突破。その年に、業界初の株式上場(福証。平成六年には大証に上場)を果たし、名実共に一流企業へ脱皮をする。

## ユニクロより早い製販一貫体制。

平成七年頃のアジアブームに乗り、中国やベトナムで飲食やアミューズメント事業に乗り出すが、現在はベトナムのビル事業等を除いて完全撤退の予定。逆に、この頃から手がけ始めた新規事業の墓石販売は、今では数十億単位の事業に育ちつつある。

長谷川は「頼まれると嫌と言えない性格」の為、今までも多くの人や事業に投資。失敗も数多く経験している。しかし、「志が正しければ、余裕の範囲で応援する」と、九州発の航空会社やアジアコンサルティング会社にも積極的に投資。「アジア進出では先輩」の元ヤオハン和田一夫氏が倒産後、経営コンサルティング会社を立ち上げたときも、長谷川が自ら名乗りを上げて顧問先の第一号となった。

財界活動にも積極的だ。昭和五四年、三九歳の時には日本青年会議所の副会頭を務め、四三歳の時は独自の経営者団体「博多21の会」を創設し、会長に就任。また、福岡県中小企業経営者協会や九州ニュービジネス協議会でも要職を務める。

今や還暦を過ぎた長谷川だが、いわゆる地元大企業が中心の財界では若手。その為、長谷川の歯に衣《きぬ》着せぬ言動や、オーナーならではの行動は、時に既存財界や一部のマスコミから叩かれることもある。しかし、「あの私利私欲を超えたリーダーシップはマネできない」(石村萬盛堂・石村社長)という声も多く、若手経営者の期待は大きい。

経営的には、「はせがわ」は「仏壇業界のユニクロ」である。それも、ユニクロが世に出る遥か前の昭和二九年から小売業として自社工場を設立。昔ながらの職人が作り、古い仏壇店が売るという構造を変えた。事実、昭和四五年当時には、業界平均で一三〇万円の仏壇を、同質の物で五九万八千円で販売している。

また、チェーン展開も早かった。昭和四二年に本店以外で第二号店となる小倉店を開設。その後も、昭和四〇年代だけで一一店、昭和五〇年代には三六店もチェーン出店している。前述のように東京・関東圏への進出も早く、今や売上の三分の二は関東圏で占める。

「日本の心をつくる」という天職。

長谷川が入社した時、既に地元の仏壇店としては繁盛していた。しかし、人員は父親の他に清掃係の女性と運転手、職人のわずか六人。父の才蔵は既に五七歳で、当時としては平均寿命。店は最初から長谷川の好きなように任された。それが今やグループで約一五〇〇人を抱える企業にまで発展した。

長谷川の入社は昭和三八年。その後の高度成長時代はあったが、ここまでやれた秘訣は何なのだろうか。

「全ては両親のおかげです。特に父の影響が大きいですね。早くに両親を亡くした父は、小学校を出てから家具店に丁稚奉公していました。そして、仕事が終わってからも、電灯の灯りで勉学に勤《いそ》しんだそうです。特に明治の豪商・渋沢栄一の実業講習録に感銘を受け、商人道を決意。九年半の丁稚を終えた後に、ゼロから仏壇の行商を始めました。

その時の父は二三歳。一時は肺病で倒れ、悲観して自殺も考えたそうですが、露店商として復活し、全国を行脚《あんぎゃ》。そして七年間の行商・露店の末、三〇歳で直方《のうがた》に店を持ちました。その間、戦争でスマトラやジャワ島と転戦。何度も入院を繰り返しながら九死に一生を得て、戦後を生き延びてきました。

その父を支えてきたのが母。母は奄美大島出身ですが、父と同じ露店商の店員で全国を回っていたときに出逢い、『長谷川仏壇店』を共につくってきました。

この素晴らしい両親に、私は人の道と商人道を叩き込まれました。すべては、両親のお陰です」。

長谷川の父、才蔵がなぜ、仏壇を天職として選んだのか。家具屋の丁稚奉公時代、様々な商品を配達したが、唯一、仏壇仏具だけは人様から感謝された。先祖を祀る仏壇を届けると家の人達は涙を流して喜び、帰りには尾頭付きの鯛までもらったという。

この経験から、才蔵は「仏壇販売は単なる商売ではない。男が一生を賭けるにふさわしい仕事だ」と決意した。そして、「今の自分があるのは亡き父と母のおかげ。親の恩、祖先の恩、その霊を祀って、仏壇に朝晩手を合わせることこそ、精神の支えであり、それが日本人の心である」と悟ったという。

この悟りを、才蔵は長谷川に小さい時から教え、小学生時代から店を手伝わせて商人道を伝えた。小学生の長谷川の担当はローソクと線香の販売だったが、夏休みもなし。

「商人というものは、人が遊んでいるときに働くものだ。それは金儲けのためではない。休みの時はお客様が買い物に出る。そのお客様に便宜《べんぎ》を与えるのが商人の務めだ」という。

また、店の周りの掃除の仕方では、塵《ちり》や埃《ほこり》を店外に向けて掃くことを禁じた。

「店内に埃や泥が増えるのは繁盛している証《あかし》であり、それを掃き出すのは繁盛を掃き出すと共に、お客様を掃き出すことになる。お客様が持ち込んで下さった塵や泥を大切に収めさせて頂き、感謝の気持ちを示すためにも、掃除は外から内に掃き込みなさい」。

その他「お店に立ち寄られる方はすべてお客様。たとえ、郵便配達でも、ご苦労様の挨拶を忘れてはならない」「お客様の前を横切ってはいけない」「金額の大小でお客様の分け隔てをしてはならない」「どんなに辛いことがあっても、お客様の前では絶対にそれを顔に出すな。常に笑顔で」「たとえ品切れだからといって、代用品を押しつけるな」「苦し紛れの言い訳や口返答は許されない」……。

いずれも、単に儲かる商売の仕方と言うより、人として生きる道を説いたのだ。これを毎日休みなく三六五日も教育されれば、全うな商人としての心構えが身につかないはずはない。

そして、長谷川も大学時代に仏教を専攻し、精神文化を創るという職業に、ますます目覚めた。仏壇とは感謝報恩の気持ちそのもの。こんな素晴らしい仕事はない。これが私の生きる道だと。

「人は、先祖の仏壇の前に座ると心が静まる。感謝の気持ちが湧いてくる」という。長谷川にとって仏壇が天職というのは、その生い立ちと環境を考えれば、極めて当たり前の事かも知れない。

# 第九章

# バカは病気に学ぶ

九州の女性で唯一、税理士・社会保険労務士・中小企業診断士の資格を持つ「そめいよりこ」税理士は、高校を卒業して九州歯科大学へ入学。しかし、授業に全くついて行けずにストレスが溜《た》まり、自律神経失調症で倒れます。一年間休学しても勉学に意欲が出ず、大学は途中で退学するハメに。その後も対人恐怖症で転職を一五回も繰り返します。

そして、三四歳の時に「自分は大学も中退し、仕事も三年以上続いたことがない。このまま何も成し遂げずに、人生を費していいのか?」と一念発起。昼は事務員で夜は受験学校に通う生活を四年続け、見事、税理士試験に合格します。二〇〇三年には資格取得の著書を全国出版。「大学を休学し、静養中に読んだ簿記の本がこの世界に入るきっかけ。受験勉強の学費で借金も一〇〇万円以上抱え、後がない状態が良かったですね」。

「マズイ、もう一杯!」で有名な青汁の「キューサイ」長谷川社長は、煎餅《せんべい》屋で脱サラ後、冷凍卵焼き事業も順調にいっていた四五歳の時、脳血栓で生死の境を彷徨《さまよ》います。西洋医学に見放され、様々な療法を試した末に辿り着いたのが青汁。奇跡的に快復し、その効能と感動を伝えたいと、得意の冷凍技術で開発したのが「キューサイの青汁」です。

消費者金融の大手「三洋信販」の椎木会長は、国鉄を経て警察勤務中に結核が発症。

二三歳から三〇歳まで入院生活を送ります。七年も病気療養中だった人間には社会も冷たく、仕方なく、義兄がやっていた質屋に番頭で就職。翌年、妻との結婚話が持ち上がりますが「番頭では嫁にやれない」と相手方から反対に遭《あ》い、質屋の延長線として小倉で金融業を始めます。幾度もの倒産の危機を乗り越え、今では一部上場企業に大発展。「企業経営は生き残りを賭けた闘い。闘病経験は貴重な経験だった」そうです。

人材派遣で毎年二ケタ成長する「トータルクリエイション」。社長の枦《はぜ》山さんは銀行マン時代に重度の糖尿病にかかり、一時は失明状態に。将来を悲観した枦山さんは病院の屋上で自殺を試みますが、妻子の顔が浮かんで思い留まります。

その後、二年間の長期療養で病気は快復しますが、銀行は三二歳で退職。体力をつけようと、今の会社で日雇い労働者になります。エリート銀行マンから一転しての肉体労働でしたが「どん底を味わったから恐いモノはない」と、営業員に転じてからは朝五時には出勤。その働きぶりが認められ、二〇〇〇年には社長に抜擢されました。

「ソフトバンク」の孫会長は、今や資産数兆円とインターネット業界の革命児ですが、創業時に重度の肝臓病で三年も入退院を繰り返しました。開き直った孫さんは、入院中に四千冊の本を読破。そして「孫子の兵法」と「ランチェスター法則」という経営戦略のバイブルに出逢い、退院後は立て続けに新規事業を成功へ導きました。

一代で「ミサワホーム」を作り上げた三澤社長も、大学四年の時に結核で入院。六年間も病院のベッドで毎日病室の天井や柱を眺め、考案したのが「木質接着プレハブ工法」です。

障害者向けの商品開発で日本一の「ハンディネットワーク」春山社長は、二四歳の時に進行性筋ジストロフィー症が発症。首から下は全く動かなくなり、車椅子生活に陥ります。しかし、車椅子発注の際に、消費者ニーズを無視した業界の現状に怒り心頭。自ら障害者向けの店を開き、その後は、トヨタや大塚製薬、東京海上火災などの大企業を相手に、様々な商品開発のコンサルティングを行っています。

健康な人が大病や死ぬ目に遭うと悲観します。特に長期入院で失業状態になると、絶望状態に陥るようです。しかし、大物の条件は「投獄」「倒産」「大病」「臨死体験」と言われるように、大病によって人生観が一変することもあります。自殺まで考えた枦山社長は「生きているだけで何と有り難いことか。普通であることの奇跡と感謝に目覚めた」そうです。

「病気で失ったものを数えるのではなく、残った機能で何ができるか考えよ」（ハンディネットワーク・春山社長）。大病は、天が与えた千載一遇《せんざいいちぐう》のチャンスと考えたいものです。

## 「人生は一度。やはり体に悪いものは売れない」

学習院大学卒業→家業の森田商店（現シャボン玉石けん）に入社→社長に就任

倒産寸前から日本一の無添加石鹸メーカーへ

**シャボン玉石けん株式会社**

代表取締役　森田光徳《みつのり》

「シャボン玉石けん」は、無添加の石鹸やシャンプーで日本一のメーカー。元々は合成洗剤の販売で成功していたが、一九七四年、森田氏自らの湿疹《しっしん》の原因が合成洗剤にあることを知り「体に悪いものは売れない」と無添加粉石鹸へ一八〇度の事業転換。売上は百分の一に急減し、反対する社員の退社、下請け工場の倒産等で一七年間の赤字状態に陥る。

病にも倒れ、ストレスで髪も真っ白になるが、平成三年に著した本の反響と近年の環境・安全意識の高まりもあり、その後は増収増益で年商は六〇億円を突破している。

## 突然の帰郷。突然の社長就任。

森田は昭和六年北九州市若松生まれ。実家は酒や雑貨・石鹸の問屋だった。小学生時代から配達などの手伝いをさせられ、日曜祝日も仕事。「そんな生活から抜け出したい」と、大学は東京の学習院に進む。卒業時、出光興産に内定は貰っていたが、母親に強引に連れ戻されて家業に入る。

「でも兄が二人居ましたし、いつかは抜け出そうと思ってました」。

帰った翌日から小倉営業所を任される。と言っても、行くと倉庫があるだけ。森田は一人で屋根裏に住み込み、営業・配達・倉庫整理に没頭。小さい頃から家業の手伝いをさせられた習慣が蘇《よみがえ》り、毎晩一二時過ぎまで休みなく働いたという。

二年で小倉営業所を軌道に乗せ、森田は本社に戻る。当時、父は既に七〇歳だったが長男が社長をしており、他に次兄もいて後を継ぐ必要もない。森田は相変わらず他の道への転身を考えていた。

ところが一九五九年、長兄が四〇歳の時に突然、急性心不全で亡くなる。その後、父は社業を石鹸部門とゴム関係に分社。ゴム関係を次兄が担当し、森田は石鹸部門を任されることになる。「当時の状況では逃げられず」、一九六四年には社長に就任。三二歳だった。

嫌々引き継いだ家業で新規事業に失敗したり、不渡り手形をつかんで倒産の危機にも遭ったが、社業本体はビクともせずに成長。元々は石鹸問屋だったが、当時は急速に電気洗濯機が普及し、森田が扱う洗剤も合成が九割を占めていた。

そんな一九七一年、森田の体に異変が起きる。

## 自らの湿疹で合成洗剤をやめる。

森田は、三四歳から一〇年もの間、湿疹で悩んでいた。温泉に行っても、皮膚科をはしごしても原因がわからない。そんな時に、国鉄から無添加石鹸の発注を受ける。当時、納めていた合成洗剤で列車を洗うとサビが出るからという理由だった。

「仕方なく、下請けメーカーに純度の高い無添加石鹸を作らせ、まずは自宅で洗濯などに使用してみた。すると、湿疹がピタッと止まったんです。

これはもしやと、当時のわが社のドル箱の合成洗剤で下着を洗って使ったら、元のように一発で湿疹が出た。ビックリしましたね。

それ以前に、合成洗剤で皮膚湿疹が出るとかいうのは本で読んで知っていた。でも、微量なら大したことはないと、お客には言っていました。

だけど、実際に洗剤を替えるだけで自分は良くなった。しかも、元に戻したら一回で湿疹が出た。こりゃ恐いと、自社の合成洗剤を使うのを止め、それ以来、わが家では無添加の石鹸に切り替えていたんです。

悩みました。それまでの合成洗剤は順調に売れてて、儲かって、今月は目標なんぼと指図して、でも自分の家では危ないから使わない。なんか、盗人みたいなことをやってるのと一緒ですね。段々と後ろめたくなり、自分は詐欺師だと」。

## 売上は一〇〇分の一に。社員も全員退社。

それから三年後の夏、森田は過労と高血圧で入院。医者から「このままでは命に関わる」と言われ、初めて自分の死を意識した。

「ベッドで何度も考えました。人生は一度限り。やっぱり悪いもん売っちゃいかんと。自分の生きた証としてもね。合成洗剤は儲かるけど、金のために使われて、金儲けたってあの世には持っていけない。

無添加石鹸を試験的に作って配ったら、湿疹や肌荒れに悩む人から〝ありがとうございます。こういう良いものを作り続けてください〟と言われた。有り難いことにね。

ああ、やっぱりこれだ。こういうお客さんから本当に感謝されるものを作っていきたい。自分の信念を貫こう、悔いのない人生、正しい商売をしようと、退院時に決めました」。

復帰後、森田は全社員・取引先に合成洗剤の取扱いをやめると宣言。しかし、社員は全員反対した。それも当然。当時の年商は約一〇億円だったが、その九割が合成洗剤だったからだ。

環境や体に良い石鹸は売れると説いた森田だが、商品を合成洗剤から無添加石鹸に変えた途端に売上が急減。それまでの月商八千万円は、アッという間に一〇〇分の一の八〇万円を切った。これでは会社も潰れると悲観した社員が次々に退社し、従業員は一年で六八人から一〇人に。その後も事業は上向かず、数年後には全員が辞めた。

森田は資産を切り売りし、支払いを延ばしてもらって乗り切る日々が続く。自らの生活も小さなメザシに豆腐という極貧状態に陥る。しかし、「無添加石鹸を世に広めるのが自分の使命」と目覚めた森田は、夢に向かって歩み続けた。

「今、うちの専務なんか大学出て九二六年になるが、〝うちはこういう世にないものを作るんだぞ、こういう人の為になるのを売るんだぞ。うちに入社したら、自分はもちろん、親もこれを使うんだぞ〟と説得した」。

それから少しずつ、森田の考えに共感する人も新しく採用した。

一九八〇年代初頭、有吉佐和子の小説『複合汚染』がベストセラーになり、人々の環境や公害への意識が高まる。そして、自然に優しい無添加石鹸への関心も高まり、徐々にスーパーや薬局、生協などが扱うようになった。

しかし、知名度も上がり、これからだと思った矢先、下請け工場が閉鎖するという危機に直面する。

## 自社工場を建設。一大勝負に出る。

前にも同じ経験で苦労した森田は、一大決心して自社工場建設を決意。小倉の関連会社を売却し、本社も工場の一角に縮小移転。ゴルフ会員権も売却し、同級生からも出資を募った。総投資額は七億円。当時、会社はまだ赤字で売り上げも数億円の時代だ。

「自社生産するなら、今までにない無添加粉石鹸を作りたかった。今まで販売していた粉石鹸は、微粉末のために飛び散ってクシャミが出、ダマになり水に溶けにくいなどの欠点があった。それを解決するには、中空粉状（中が空になった粉）にする必要があった。

しかし、純度の高い石鹸を粉にして乾燥させるのは難しい。ドロドロした石鹸を上から落として

熱風で吹き上げるんですが、純度が高いと燃えてしまう。元が油だからです。要するに、既存のスプレータワー（粉状にする噴霧乾燥塔）では、塔内で火災が起きてしまう。合成洗剤の場合は、炭酸塩などを混ぜて燃えにくくしているから火災は起きないが、では、どのように塔の構造をらよいのか、これが一番の問題点だった。

塔の構造を変えるには、大きな装置が必要で、建設コストが高くつく。これが万一、失敗したら、即倒産だ。しかし、苦労の連続の中、多くの人たちからの助言で完成した。

新しいスプレータワーは、液状の石鹸素地を空中に噴霧させ、マカロニのように中に空気を含んでサラッとしたものができる。純石鹸分九九パーセントでね。この純度のやつは大手でもできない。化学物質を使う設備では無添加は作れないよ」。

こうして、一九八七年に自社生産を始めるが、その後も三年間は全く売れなかった。石鹸や洗剤は見た目も大差はなく、大手の宣伝力にはかなわない。流通小売業も無視を続けた。

転機になったのは一九九一年。それまでの研究と自分の経験をまとめ、森田自らが書いた『自然流せっけん読本』の出版だ。

「どうして消費者はわかってくれないんだ、合成洗剤はこんなに危ないんだと、罵りながら書いた。その本が売れた。うちは通販もやっているが、それまで月一〇〇万円の売上が、本を出した翌月には二〇〇万円になり、数カ月後には五〇〇万円となった。それで火が点っき、泥まみれの『シャボン玉』がやっと浮き上がった」。

その後も本は版を重ねて二八刷。今では通販だけで月に一億円以上を売り上げる。

## 一七年間の赤字に終止符。無添加時代の到来。

本が売れ、流通の対応もガラッと変わった。以前は、東京の生協などに行っても門前払いされていたが、購買担当者が押し寄せた。

「環境意識の高い生協の組合員が〝石鹸分が九九パーセントのものがあるじゃないか。私、今使ってるよ。なんでこんな商品を扱わないのか。生協に一番ぴったりじゃないか〟と。まさに消費者が流通を動かしたんです」。

西友など、他社ブランドOEM生産（相手先ブランド生産）も増えた。

「西友との取引は本がきっかけ。商品は他の上場会社に九分九厘決まっていたが、開発部長が私の本を読んで購買担当者に〝お前、いいのがあるやないか。こっちは石鹸分六〇パーセント、『シャボン玉』は九九パーセントやないか。六〇パーセントじゃ差別化できん〟と」。

こうして火が点き、会社は一九九一年に黒字転換。無添加石鹸専業に切り替えて一七年間の赤字に終止符を打った。

環境意識の高い人向けに本は売れ続け、森田はアチコチから講演に呼ばれるようになる。売上もうなぎ登り。一九九一年の四億円が、翌年にはなんと倍増の八億円で累積赤字も解消。その後も増収増益を続け、一九九八年には三〇億円を突破。そして、わずかその三年後の二〇〇一年には年商六〇億円を超え、グループでは約八〇億円になった。

大手メーカーのものは、ほとんどが様々な化学物質を混ぜた合成ものだが、「シャボン玉石けん」は化学物質を一切使わない。製造にも時間をかける。

「原料はヤシ油等、動植物の脂肪。粉石鹸の場合は米ぬかなども使うね。それを様々に配合する。口に入っても安全な原料しか使わない。

大手メーカーの化粧石鹸が一個一〇〇グラムで一〇〇円で、うちの浴用石鹸が一〇〇グラム一三〇円と三割も高い。しかし、他社は原料から四時間で出来るが、うちのはじっくり熟成させて一週間かける。酒造りと一緒だね。熟成に熟成を重ねる」。

四時間と一週間の違いで三〇円の差というのは、手間暇を考えると相当な企業努力。最近は真似をするメーカーも増えだした。

「うちは無添加に切り替えて二九年。そのうち一七年間、四三歳から始めて六〇歳まで地べたに這《は》いつくばってやってきた。そうそうは追いつけない。特に大手メーカーは今更、無添加石鹸への転換は無理。それは自分の事業をすべて否定することになりますからね」。

人気雑貨チェーンの東急ハンズでは「シャボン玉」製品が一番売れるという。理由は、ジーパンの色落ちでは「シャボン玉石けん」が一番いい色になるからだという。環境には関心のない若者にも、意外な理由でファンが急増中だ。

森田への講演依頼は相変わらず多く、この数年は年間一〇〇回を超えて、月の半分は全国を回っている。

## 理想の代償と覚悟。

最近は消費者団体よりも、経済団体などからの講演依頼が多い。

「よく、〝あなたは自分の人生哲学と仕事がピッタリだからうらやましい。でも、世の中は皆、これじゃいかんなあと思いながらも、銭のために働きよるとですよ〟といわれる。でもね。こっちはその代わり一七年間給料もらわなくてでも、という意気込みで、歯を食いしばって働いてきた。理想を追求するにはそれなりの代償と覚悟が必要だということなんです」。

企業の不祥事や金儲け主義が露呈される現在、あらためて世のため、人のために働きたいという人が増えている。「シャボン玉石けん」はそういう、胸を張れる数少ない企業の一つといえるだろう。

# 「二〇代の結核で公務員を断念。あれが良かった」

北朝鮮生↓一六歳で敗戦・山口県岩国へ引き揚げ↓米軍基地でボーイ↓炭坑夫↓山口大学工学部卒業↓結核で入退院↓果樹園手伝い↓レジスター販売↓三六歳で税理士合格↓開業

福岡トップクラスの税理士事務所
**中垣浩一税理士事務所**

所長　中垣浩一《なかがきこういち》

税理士事務所は個人営業に近い規模が大半だが、「中垣浩一税理士事務所」は顧問先約四〇〇〇社・職員一八名という大所帯。通常の会計・税務業務に留まらず、不動産・相続関係も絡んだ複雑な案件に強いという評価だ。

所長の中垣は昭和四年生まれで七〇歳を越えるが、波乱に富んだ経験に裏打ちされた安心感が顧問先を優しく包む。関連の協同組合も会員数は二〇〇社を越え、相互のビジネス取引を数多く仲介している。

## 敗戦後、ボーイから炭坑技師へ。

一九四五年の終戦当時、一六歳の中垣は今の韓国・ソウル大学の予科にいた。家族は北朝鮮にいて音信不通。敗戦で南北に引かれた三八度線でいきなり戦争孤児状態になった。父親の本籍は福岡県と聞いていたが、結局、予科の知人の里である山口県岩国へ流れ着く。

身よりのない一六歳だが、とにかく食わねばならない。中垣は岩国基地・航空部隊のレストランボーイの求人に応募。倍率は約一〇〇倍だったが、英語の筆記ができたからか運良く採用となった。ボーイ兼残飯処理係となるが、米軍基地周辺の闇商人にこの残飯が売れた。しかも、今の金額に換算すると通算で一千万円にもなったという。

しかし「こんなことをやっていては駄目だ」と、宇部興産の炭坑に坑夫として入る。当時はまだ石炭は花形であり、「将来は鉱脈を探す鉱山技師になりたかった」からだ。余談だが、映画監督の山田洋次は二年間同僚だったという。

一九四七年、苦学して山口大学工学部に合格。昼は大学、夜は石炭を掘る坑夫の道具の番人として「寝ながら」働く。そして卒業時、国家公務員上級試験に受かり、「これで順風満帆の人生」と思った矢先、最終の健康診断で結核が発覚した。

結核は当時の死病で入退院を繰り返し、大きな挫折を味わう。

## レジスター販売で歩合セールス。

その頃、両親家族が福岡にいることがわかり、体力をつけようと父が持っていた土地で果樹園を始めた。一九五六年頃には病状も落ちつき、農業の専門技術員資格も取る。何とかやって行けそうだと結婚。

ところが、また病気が再発する。「体を使う農業は駄目だ。しかし、何とか食わねば」と悩んだ中垣は、その頃出回り始めたコンピュータの走りであるレジスター販売のN社に入社。食うため、家族のために、厳しいが給与はあえて歩合制を選んだ。

セールスは初体験だったが、西鉄福岡駅の商店街や魚市場に何度も通うと、徐々に相手も話を聞いてくれるようになる。しかし、最後の契約段階までいくと、先方は「じゃあ、先生に相談する」

という。

先生とは何だと聞くと「税理士」だという。中垣は税理士という職業も知らなかったが、大概の税理士は「余計な投資はするな」と商売を邪魔する。そんな税理士に敵愾心《てきがいしん》を持った中垣は「よし、俺が先生になろう」と決意。N社の上司からは「君は工学部だし、無理だよ」と鼻で笑われるが、一度決めたら頑固な性格。

考えた結果、なんと中垣は、多少体の調子が悪いことを理由に「勉強のためにわざと病院に入院」する。二〇代で五年余り病院に通い、内情も知っていた中垣は、「傷病手当」を貰いながら一日一八時間勉強。合間には病院内で手形割引などの商売をし、わずか二年で税理士試験に合格した。

## 「お前を先生とは呼びたくない」。

N社に戻り、再びレジスター営業に従事。同時に様々な経営者の相談に乗った。経営コンサルもできる営業は珍しく、レジスターは面白いように売れ、昭和四〇年当時で月収は一〇〇万円にもなった。

「当時の税理士は税務署上がりの人がほとんどで、営業も実務も知らない。だから〝先生〟のアドバイスよりも私の方が当たる。こうして顧客の信頼も上がっていきました」。

評判を聞いて、中垣に多くの経営者が相談を持ちかける。そういう客に見返りとしてレジスターを販売する事が多かったが、ある時、客から「お前のアドバイスは的確だが、その度にレジスターを買わされてはたまらん。それに、単なる営業マンのお前を先生とは呼びたくない。だから税理士として独立し、〝先生〟になれ」と言われた。

そしてなんと、当時、継続的に経営相談を中垣に依頼していた経営者七社が、共同で福岡市川端に事務所を提供。中垣は「私は今でも高給を取っている。独立後の保証を」と、その経営者仲間から「仕事を安定継続的に発注する約定書」をとった。

「まあ、今、考えれば何とも横着で生意気なことですが、あの約定書のおかげで客探しには苦労しなかったですね。仕事が減った時は電話一本で客を紹介してもらいましたから。

もちろん、他の〝税理士先生〟では無理な税務・経営相談もこなしましたから、強引ではあったけれども、紹介元に迷惑をかけるような仕事はしませんでしたよ」。

## 人の逆を行く生き方。

七〇歳を越えた中垣だが、益々意気軒昂《けんこう》だ。とても昔、結核で入退院を繰り返したとは思えない。

「今、思うとねえ、二〇代前半の結核での挫折。アレが大きいねえ。本当は鉱脈を探す鉱山技師になりたかった。当時流行った〝サイエンス〟という科学雑誌は、鉱山を諦めた後もずっと読みましたね。心の底に鉱山への挫折感がこびり付いていたんです。

でもね、あの時の経験は無駄ではなかった。鉱脈は地表近くから調査し、山を当てて掘り、尽きる前にまた次を探す。これはねえ、結局、事業経営と同じなんですよ。何かやって満足したらダメ。必ず次の手を打っていないと。

それと、人が右だという場合は、左に行くほうが成功の確率が高い。

私が学生時代は、一番人気が鉱山学部で二番が医学部。でも、あれからわずか一〇年で石炭・鉱山は衰退し、医者も今やあぶれている。

それから、バブルの八〇年代。あの頃は土地や株をやらないとバカみたいに思われたが、私は顧問先にはそういう売買を禁止した。

お客からは〝何でだ？　あいつもこいつもワンルームマンションの投資なんかで儲けている〟と文句言われましたがね。あとで感謝されました。

時代は常に激動する。表面だけを見るのでなく、底流を見ること。自分のことや経営は、少なくとも一〇年先を見据えることです。普通の人は今日や明日や一カ月先の事を考えるが、もっと永いスパンで考えてみること。

ところが、一〇年先を考えて行動すると、皆からは〝アイツ、バカじゃないか〟と言われる。そ

して、悪口も言われる。でも、それでいい。周りに合わせて〝アイツはいいヤツだ〟という人は時流と共に消え、責任も取らないことが多い。

それと、ここぞと思うときには勝負せないかん。勉強でも事業でも同じ。そういうときは素直になること。子供のように頭を空っぽにして。するとドンドン知識も入る。

何かの時は今までの自分を破壊して、違うことをせねばならない」。

## デキル経営者とは？

「中垣事務所」では民事・刑事系などの弁護士、不動産鑑定士、弁理士などと顧問契約を結び、顧客のあらゆる問題に対応できる体制をとっている。特に、会社の合併・買収・整理・和議・遺産相続関係など、複雑な案件に強い。経済関係の案件では、世間を見る目の広い税理士が元請けになってやるとうまくいくことが多いからだ。

中垣は、顧問先が不渡り・倒産の場合もつきあいを辞めない。行き詰まった場合は逆に徹底的にバックアップする。「長い間、顧問料を貰って、おまんま食わせて貰って知らん、というのは性に合わない。逃げない。債権者も一緒。相手が逃げたら追うが、居座ったら追わない。何事も逃げないことです」。

今までに約三千人の経営者を見てきて、デキル経営者とは……。

「まず、事業に真面目であること。つまり、家庭よりも事業を優先する人間です。経営者で、従業員が有給休暇を取るから自分もという人がいるが、それは自分が経営者であることを忘れている。これは事業に不真面目であるということ。家庭円満もいいが、何より事業に真面目＝事業優先かどうか。

二番目は、素直で賢いということ。経済には色々な変動がある。それを受けとめる、感じる感受性＝素直さが必要。これはいいといった場合には全力投球すること。

三番目は、長期ビジョンと哲学。企業とは、業《ごう》を企《くわだ》てるということ。商道とは、一つの条件を示して、俺のところならこうできるとお客さんを釣ること。ただ、釣って逃げれば詐欺師になるが、企業は長年に渡って継続しなければならない。

だから、哲学。哲学がないと、業を企てるということに耐えられない。ここが大事です」。

中垣が社会人になってからの所得は、合計で一〇億円を越える。四二歳からはほぼ毎年、高額所得者番付に名を連ねている。

「実は四一歳の時、あるお客さんから〝お前は税理士でそういう偉そうなことを言ってるが、お前自身はどうなのか。自分自身、しっかり稼いでから言え〟と指摘されましてね。

それからは、意識して自分がまず稼ごうと思いました。やはり、あれこれ経営指導する本人の経営が駄目では、人は言うこと聞きませんから。

今の時代、高額年収者を悪者扱いする傾向が一部にありますが、それは経営がいい＝お客さんに支持されている＝役立つことをしているから。

若い人は、もっとお金にどん欲になり、結果として社会貢献して欲しいですね」。

# 過労で倒れ脱コンサル、宅配ずしの風雲児

大学中退→自衛隊→マクドナルド→テープ教材販売→経営コンサルタントを経て

九州No・1の宅配ずし
**ふく鮨本舗《ずしほんぽ》の三太郎／(株)ドゥイットナウ**
代表取締役社長　蔀《しとみ》　章《あきら》

蔀《しとみ》が代表を務める「ドゥイットナウ」は、九州最大の宅配ずしチェーン（店舗名は「ふく鮨《ずし》本舗の三太郎」（以下「三太郎」））だ。

創業は一九九四年だが、既に福岡・東京・沖縄・広島等に約四五店舗を展開し、年商

は二〇〇三年七月度でグループ約三〇億円。日本アジア投資等のベンチャーキャピタルや旅行会社HISの澤田社長ら約一〇〇社から出資を受け、二〇〇七年の株式公開を目指している。

全国的な宅配・回転ずしブームに乗り、この数年、九州・福岡には東京・大阪の大手約四〇店が出店したが、結果はその大半が撤退した。原因は「三太郎」チェーンの圧倒的な強さだ。

東京などの大手宅配ずしチェーンは、その大半がFCで出店する。それに対し、「三太郎」は福岡市内だけでも約一二の直営店（近郊を含めると一六店）があり、市内の宅配ずし市場の約五〇パーセントを押さえている。

他店のFCが出た場合、「三太郎」はそのFC店のエリア限定で「すし半額」や「太巻一本五〇円」チラシを投入。かつ、他店が単にチラシを新聞折込するという機械的な方法をとるのに対し、「三太郎」は全社員総出でドアコール（訪問し、笑顔で挨拶）して廻った。

また、「三太郎」では毎月二千枚の顧客アンケートハガキを収集・分析。大手のように、決まったマニュアルを踏襲するのではなく、商品やサービスをエリア毎に常に改良している。

食材面では九州一の仕入力を活かし、ほとんどを問屋を飛ばして産地・製造者から直接仕入れる。結果として、「三太郎」の原価は他店よりも一〇パーセント以上低く、他店との競争に負けない。社員教育も徹底されており、「あそこはうちの三倍は働く」（市内同業者）。

結果として、福岡へ進出した大手のFC店は、過去一年以内で撤退、というより「三太郎」に撤退させられている。

## 精神病院・自殺未遂・自衛隊。

蔀《しとみ》は昭和三二年、北九州の日本電信電話公社（現NTT）に勤めるサラリーマン家庭に生まれた。小中学校時代は完全な劣等生。生まれつき頭デッカチで手足が短く、野球がヘタクソでよく虐《いじ》められたという。結果として喧嘩もよくやった。勉強もせず、「この子はおかしい」と精神病院へ二度も連れていかれた。

高校時代は中学までの反動か、学校でも目立たない生徒だった。何もせず「俺は何のために生きているのか」と悩み、しばしば胃潰瘍や十二指腸潰瘍になる。そして、なんと手首を切る自殺未遂も三回。成績は相変わらず下の下。国語や社会はクラスで一番だったが、他は赤点ばかりで周りからは馬鹿呼ばわりの少年時代だった。

大学受験では岡山大学に落ち、予備校へ。生まれて初めて勉強に取り組み、五木寛之『青春の門』に憧れて早大を受けるがまたも不合格。しかたなく、学習院大学へ進む。

東京での下宿生活が始まり、「それまで親のコントロール下だったのでうれしかった。自由を満喫しました」。しかし、またまた学校へは行かず、女や酒の日々に明け暮れる。その実態を知った父親から「お前は最低の人間だ。性根から叩き直さんといかん。自衛隊にでも入れ！ でも入りきらんやろうな」といわれ「入ってやる！」と一念発起。大学生活にも意味を見いだせなかった蔀は、売り言葉に買い言葉で自衛隊に入隊した。

中途入隊の蔀は当時二〇歳。高卒で一八歳の先輩から命令され、九州から北海道まで配属先を転々とし、柔道や極真空手で鼻や歯も折られる日々。彼女に会うため、月に一度は東京へ通うが、またも「俺は何をしているのか？」と迷い、意を決してレンジャー部隊（ゲリラ対策等、非常時の特殊工作部隊）に転属を申し出る。

そこはさすがに訓練が厳しく、肘《ひじ》で歩伏前進四キロという日々で「あの時は訓練中に死ぬかも知れないとも思った」という。

## 日本マクドナルドに中途採用。

訓練の合間に、東京の知人宅で就職用リクルートブックを見て、たまたま開いたページに載っていたのが日本マクドナルド。「行動力×情熱＝店長」というコピーと、友人の「ここは忙しくて寝れない仕事だよ」という一言で転職を決めた。

自衛隊では三日間の徹夜など当たり前で、体力には自信があった。また、自衛隊は防大出身者と他の明確な区別があり、先の楽しみがなかったという。

マクドナルドには一〇年間勤め、その間なんと一〇回転勤した。小倉店を皮切りに、沖縄、名古屋、北陸などを転々とし、入社二年半で店長になった。当時は入社六、七年で店長の時代。異例の早さだ。

「最初に配属された店で、先輩から厳しく指導を受けたが、その先輩は僕より年下でなんと高校生のバイト。この野郎、負けてたまるか！　と燃えましたね」。

二週間でその「先輩」を抜き、自衛隊で鍛えた行動力でメキメキと頭角を現す。店売りだけでなく、周囲のラブホテルやオフィスに出向いて営業活動をしたり、渋滞で駐車中の車からも次々に注文を取った。名古屋では三〇坪で月商一億円を達成し、店別ランキングで日本一を記録。社員・アルバイト含め約二五〇人の部下を持つまでになった。

「多くの部下が出来、背中を見られていると気づいた二七歳位から自分が変わってきました。マクドナルドでは本当に多くのことを学ばせて貰いましたね」。

## 最初の独立。経営コンサルタントへ。

以上のように、マクドナルドで好成績を上げた一九八九年、蔀は交換留学生として一カ月カナダへ渡る。それまでは独立など考えたこともなかったが、カナダで会った人達の多くが将来の起業を考えていることに触発される。

「その時に今後の人生を考え、このまま人に使われるのではおもしろくない。よし、会社を辞めて独立しようと考えました」。帰国後、マクドナルドのFCで独立をとも考えたが、面白みがなさそうでやめた。同業のモスバーガーのFCも考え、四七店回って調査したが、やはり、あまりピンとこなかった。

そして一九九〇年、三三歳の時にマクドナルドを辞め、福岡へUターン。ある先輩から「ラーメン屋のマニュアル作りを手伝ってくれないか」と頼まれたのをきっかけに、経営コンサルタントの道へ入る。

と言っても、現場を知らない若造の言うことを、ラーメン屋がまともに聞くはずもない。蔀は毎日、店の厨房に入り、自ら麺の湯切りを何百回もやりながらマニュアルを作成。体当たりでぶつかる姿勢が徐々に評価されるようになる。

しかし、形のないコンサルティングは新規の顧客を獲得することが難しい。それまで営業経験のなかった蕗は、勉強のために成功哲学・ナポレオンヒルの教材販売代理店に加盟。当初はまったく売れなかったが、フリーの〝感性コンサルタント〟の夏目志郎氏やランチェスター経営の竹田陽一氏との出逢いで才能が開花。一九九一年には、代理店で個人成績日本一となる。

その後は独自の研修プログラムを次々に開発。約四年間で約一三〇社、八千人の営業研修を行う。最盛期は一人で月収六〇〇万を稼ぎ、酒と女とベンツの日々も送ったという。

## すし宅配で二度目の独立。

そんな絶頂期、蕗は研修の講師をやっている最中に突然、過労で倒れた。一人で何社ものコンサルを請け負っていたが、社業は休業状態に追い込まれる。その後の仕事予定もキャンセルを余儀なくされ、収入もゼロとなった。

「コンサルや研修講師は職人芸。自分がいなければ成り立たず、一人でやるビジネスの限界を感じました。それをきっかけに、組織でやれるビジネスをやろう、自分が現場にいなくても廻る仕組みを作ろうと思いました」。

コンサル時代の経験を活かし、様々な隙間ビジネスを調査。マクドナルドの経験と、自ら食べることが好きだったことから、業界は飲食業に決めた。

そして最終的に、ラーメン、カレー、すしに絞った。どれも国民食として人気があり、流行《はや》り廃《すた》りがない。しかし、ラーメンは「博多一風堂《いっぷうどう》」、カレーは「カレーココ壱番屋」という強力な先発チェーンがあり、すし業界に照準を合わせることにする。

ある時、蔀がすし屋で食べていると出前の注文が入った。すると、主人は冷蔵庫を開け、蔀が食べているネタとは違うものを取り出して作り始めた。聞くと「出前は冷凍もので充分なんだよ」。蔀の頭の中でピンと来るものがあった。

すし業界は職人ばかり。値段も高くて不明瞭だ。さらに出前を頼んでも時間通りに来ない。勉強せずに威張っている。ましてや、出前のネタは残り物を使う風潮があった。

「よし、すしにしよう。それも出前＝宅配専門なら店や設備に金がかからないし、ピザのように企業化できる。泥臭い仕事だから、大企業も本気で参入できない。

元々すしは大好きで、カレーやラーメンと比べても唯一、連日の食べ歩きで飽きなかった。宅配すしで企業化＝組織化をしようと決めました」。

一九九四年、蔀章三七歳の夏、起業家として二度目のスタートを切った。宅配ずし「ふく鮨本舗の三太郎」の誕生だ。

## O157によるピンチが飛躍のバネに。

すしをやると決めたはいいが、作った事はない。地元百貨店で買ってきたすしを分解したり、すし屋にも通って観察。果ては料理の本を山ほど買い込み、毎日が手作りずしの日々。コンサル収入はすべてすしにつぎ込み、子供の学資保険も解約した。

見よう見まねで「とてもすしとは言えないオニギリのような代物」だったが、当時は宅配専門店は珍しく、明瞭会計でハキハキした対応がうけた。月商もいきなり三〇〇万円を超え、順風満帆なスタートを切ったかに見えた。

しかし、締めてみると毎月の赤字。単独店舗では仕入れも高く、かつ、他店よりも安い価格で宅配していたため、利益が出ないのだ。早急にチェーン展開をしなければ規模のメリットは出ない。創業から一年半は給与も取らず、保険も解約。金を借り、組織化のための準備に没頭した。

こうして蓜は現場の実践を繰り返しながら、マニュアルを徐々に構築。二年目の一九九五年には福岡市内と北九州に五店をオープンし、三年目の一九九六年にはFC二店を含めてなんと一〇店をオープン。自衛隊・マック時代の体力と、コンサル時代の社員・アルバイト研修、経営管理力を活かして破竹の勢いで突き進んだ。

しかし、好事魔多し。いきなり日本中を襲ったＯ１５７事件が発生。生ものを扱う飲食業界は大打撃を受け、「三太郎」も夏場に売上が激減した。積極的な店舗展開が裏目に出て、会社は資金繰りに行き詰り、蔀は創業以来の大ピンチを迎える。

つき合いのあった銀行やリース会社も、手のひらを返したように融資をストップ。またも自身の給与はゼロにして、毎朝、店を廻っては前日の売上金を支払いに充てた。自宅の家計も火の車。再加入していた学資保険をまた解約し、それでも食費が賄《まかな》えないために、店舗の米や食材を拝借する日々が続いた。そんな状況を見かねてか、ある時は社員が集まって約四〇〇万円を会社に融資してくれたこともあった。

しかし、ついに資金が底を尽き、明日はサラ金を廻ろうかと決断をしたその日、顧問のランチェスター経営・竹田氏よりアドバイスの電話を貰う。

「あなたのような成長企業の場合、銀行によって見方や融資条件は大幅に違う。地場銀行だけでなく、業績の良い他県地銀の福岡支店を当たってみてはどうか」。

早速、取引先の三洋電機九州から紹介を受け、山口銀行を訪問。すると運良く、間一髪のところで二千万円の融資を得ることに成功した。また、時を同じくして、大手ベンチャーキャピタルの日本アジア投資からも出資を受け入れる。これがきっかけで、会社を株式公開・上場へと目覚めさせ

ることになる。

五年前からは累計約三億円をかけて顧客管理コンピュータシステムを開発した。宅配の顧客データは約一〇〇万件に上り、そのうち約二〇万件は誕生日まで把握。ワントゥワンマーケティングを駆使し、毎月約二万通の「誕生日おめでとうハガキ」は、約五〇パーセントが注文に結びついたこともある。

## 独立のための就職・転職大歓迎！

O157危機を乗り越え、宅配ずし「ふく鮨本舗の三太郎」で急速に店舗を拡大した「ドゥイットナウ」だが、二〇〇〇年より取り組んだ新規事業の回転ずしでは失敗した。一気に市場を抑えようと、福岡市内にわずか一年で七店もの回転ずし店を出店したが、二店を除くと大赤字。立地の選定も誤ったが、宅配と回転ずし店舗では勝手が違い、従業員教育が追いつかなかった。

早くも出店一年後の二〇〇一年には赤字店舗を次々に閉鎖し、同業他社に設備を売却。事実上、回転ずし事業からは撤退した。

「あの決断力、行動力が彼の凄いところ。宅配と違い、回転ずしの店舗は目立つ。私もリストラ経験があるから分かりますが、普通は見栄もあってなかなか店を閉められない。今回の撤退の早さで、私は逆に彼を見直しました」（石村萬盛堂・石村社長）。

回転ずしのリストラに目途をつけた二〇〇一年後半からは、強い宅配の方でFCの全国展開をスタート。『三太郎』は激戦区の福岡宅配ずし戦争を勝ち抜き、直営のシステムでは日本一」（FC専門誌「フランジャ」編集長）の噂は瞬く間に全国に広がり、一年で東京、沖縄、広島に一〇店のFCがオープン。現在は全店約四五店舗だが、この五年で二〇〇店体制を目指す。

すし業界は安定した市場があるが大企業が進出しにくい。また、技術や資本力ではなく、人材力がすべてともいえる。その点、八千人の研修経験がある蔀の力は無尽蔵だ。

「株式公開・上場へ向けて、まだまだ人材が足りません。新卒、中途に関係なく、意欲のある人は遠慮なく応募してほしい。マネージャー、幹部を目指す人はもちろん、近い将来に独立・起業を考えている人も大歓迎。当社でビジネス・経営を勉強して、どんどん経営者になってほしい。

経営や独立の仕方は教えます。六〇代からの人生を謳歌するために、若いうちの冒険＝アドベンチャーをしましょう。応募を待ってます！」

# 第十章　バカは海外放浪に学ぶ

長引く不況や就職難で、海外へ脱出する若者や社会人が増えています。中にはアメリカの大学院でＭＢＡ等を取得し、ビジネスエリートとして活躍する人や、マーケティングなど日本より進んだビジネス知識を修得するというような、目的ある留学をする人もいますが、大半は単なる観光旅行です。しかし、人によっては、人生を根底から変える出逢いやチャンスに遭遇します。目的があっても良し、無くても良し。当てのない海外長期放浪に大手を振って賛同してくれる人はそういないかもしれませんが、必ず、人間として奥行きが出てきます。日本での先入観やしがらみを捨てて、丸裸で勝負する、だからこそ、自分の新しい可能性を発見するのだと思います。

「食えるボランティア事業」を提唱し、全国の大学で起業講座を行う「市民バンク」代表の片岡さんも、海外でそれまでの人生を覆《くつがえ》す出逢いがあったひとりです。片岡さんは慶応大学を卒業後、三菱信託銀行に入社。銀行の激務の傍ら、労組委員長や国会議員の菅直人を支援する市民運動に没頭しました。三八歳の時に銀行人生の先が見えて燃え尽き退社。しかし、それまでの活動で得た約二千枚の名刺と人脈があるので何とかなると思っていました。

ところが、イザ銀行を辞めると電話も来訪者もなく、いかに自分が肩書きだけで生きてきたかを痛感。ノイローゼになり、逃げ出すようにアジアへ放浪の旅に出ます。

そして、タイの山中で高熱と空腹で瀕死の状態になり、現地の農民に助けられます。貧しい農民達は大事な鶏を料理するなどして、片岡さんを介抱。何の見返りも要求しない農民達に片岡さんは感激し、人生観が一変します。この一年間の海外放浪経験がきっかけで、片岡さんは帰国後に「第三世界ショップ」を創設。発展途上国の雑貨品等を輸入販売し、その収益の一部を途上国の援助に当てるというコンセプトが支持され、提携ショップは全国二〇〇ヶ所にまで広がりました。その後は「市民バンク」や「女性のための起業スクール」を開催し、今までに一千人を超える市民事業家を輩出しています。

企業や大学の国際化支援ビジネスで№・1の「アルク教育社」。最年少取締役の鬼塚さんは、福岡大学を卒業後、ヤマハ発動機に就職します。しかし、二年後の二五歳の時に「人生は一度だ。人生の二五周年記念として世界二五ヶ国を回ってみよう」と突然退社。佐川急便のバイトで資金を貯め、オートバイで世界を放浪する旅に出ます。野宿を繰り返し、原野を剥《む》き出しの身で疾走する旅は過酷そのもの。気がつくと五年間も日本を留守にしました。

帰国後、就職活動をしますが、当然、大企業はどこも元放浪者を拒否。何とか小さな語学研修会社に潜り込みます。その後、スカウトされて「アルク教育社」の創業に参画。一九九三年に一人で福岡支店を立ち上げ、わずか三年で会社を九州一に導きます。実績が認められ、二〇〇一年には西日本支社長に就任。二〇〇二年には最年少の取締役に抜擢されました。

現在は、国際化を図る企業・大学への語学や異文化研修を実施。単なる英会話研修等の枠を超えて、海外と対等に渡り合える地球人の育成に尽力しています。まさに、五年間の海外放浪で身につけた行動力と、体当たりの英語力がビジネスにも活かされたのです。

海外で直接、ビジネスのヒントを見つけた人も多数います。発行部数一五〇〇万部、日本一のフリーペーパー「ぱど」は、社長の倉橋さんがアメリカ滞在中に目にした個人広告紙がきっかけ。「サニックス」も、宗政《むねまさ》社長が二〇代前半で無職の頃、アメリカ放浪中に環境衛生の先進企業を見学したのが転機。リクルート社の「リクルートブック」は、創業者の江副《えぞえ》氏がアメリカ放浪中に見た就職雑誌をヒントに創刊。「ドトールコーヒー」の鳥羽社長は、高校中退後にブラジルのコーヒー農園で三年間労働。豆の卸売りをしていた一九七二年、ヨーロッパで目にした喫茶チェーンがヒントになりました。

スーパー、コンビニ、外食産業、人材派遣、コンピュータ……今も昔も、新しいビジネスのほとんどは海外からのものです。「第三世界ショップ」も、片岡さんがノルウェーで寄った店がヒントです。日本はマスコミが発達し、皆が他人と同じ新聞やテレビを毎日見ています。だから、新しい発想や生き方はなかなか発見できません。人生に一度くらい、日本を捨てて「未来の自分を探しに行く」旅は必要なのかも知れません。

# 「欧州旅行で〝色〟に開眼。人生が変わりました」

高校卒業後、欧州旅行→フリーター→英会話学校→英国留学→様々な派遣社員→二五歳で自宅創業→一九九六年法人設立

若手No・1の色彩コンサル&オーダーメイドの靴ショップ

**(株)クロシス**

代表取締役　中村美賀子《みかこ》

普段、我々が目にする様々な商品には、様々な〝色〟が付いている。何気なく見過すことが多いが、実は色次第で売れ行きに数倍もの差が出ることがある。その戦略を考え

るのが色彩コンサルタントだ。食料品のパッケージ、住宅の内外装、従業員の制服、飲食店など、分野は幅広い。個人向けでは、服の色やインテリアのアドバイスを行う。

しかし、その華やかなイメージとは逆に、〝色〟では食えないのが実情。多くの色彩コンサルタントは企業内サラリーマン・OLだ。その中で中村は二〇代で独立し、今や西日本を代表する色彩コンサルタントになった。一九九九年一二月からは足と靴のカウンセリングショップ靴屋「メリー・グラシス」も展開。年商も今や一億円が目の前だ。

## 欧州旅行で色に開眼。動物と植物に学ぶ。

中村の〝色〟との出逢いは、高校卒業後、誘われて行ったヨーロッパ旅行だ。スイス・フランス・イギリスを廻るツアーだったが、「見るもの全てが美しい。町並み、建物、人、商品……。ものすごい驚きでした。感動しました。でも何が違うんだろう？ なぜ、なぜと」。

帰国後、図書館で調べたら、ヨーロッパには各都市ごとに色彩条例があることを知る。例えばパリのある町では建物に暗い色は禁止され、一定以上の明るさの色を使うことが決められていた。

「スゴイと思いました。そして、福岡もそういう街にしたい。色で街を変えられたら素晴らしい。色ってスゴイ。将来は〝色〟で食べよう、と思いました」。

その時一八歳。そして、二五歳迄に会社を作ろうと決める。

サラリーマンの父と専業主婦の母との間に生まれ育った中村は一八歳まで、学校は嫌い、勉強も嫌い、運動なんて考えたこともない、友達といるより一人を好み、ファッションや音楽に凝《こ》ることもなく、特にこれが欲しいという物欲もなく、好きなのは犬、という生活。本人曰《いわ》く、「ボーっと人生を送っていた」という。勉強は嫌いだから、大学に行くつもりもないし、就職するつもりもない。何がやりたいのかも分からないが、不思議なことに、自分で会社を作ると決めていた。

その〝何が〟に出逢ったのが、誘われたから何となく行ったヨーロッパ旅行。人生が変わるほどの感動を受けるとは、思ってもみなかったことだったという。

その後、英国に留学するために、フリーターとして働きお金を貯める。英会話学校にも勤務したのち、英国へ一年間滞在。見るもの全てを目に焼き付けた。帰国後はビジネスのイロハを覚えるために、展示会のコンパニオンや受付・事務など、様々な職場で派遣社員として経験を積んだ。

仕事の合間には連日、動物園と植物園と図書館に通う。図書館では「名前を聞けば、本の場所がわかる」ようになったほどで、数千冊に目を通した。色彩以外の様々な小説も読破した。それは、色の専門書だけを勉強しても、所詮は他人と同じになってしまうと思ったからだ。例えば小説の中の「この悩ましい紫は……」という色に関するフレーズで共通のものを見つけては、全て書き出して勉強した。

また、「動物や植物は神様が作った色。全てに意味があるんです。天の摂理。自然の理論。なぜ紅葉は赤いのか。なぜ人の舌はピンクなのか。なぜシマウマはと、なぜ、なぜ、なぜを追求し、自分なりの理論を構築しました」。

## 一〇万円で創業。飛び込み営業の日々。

一九九五年、アルバイトを続けながら、自宅の部屋で起業。資金は一〇万円で、設備は仕事用の電話回線と名刺のみ。しかも、節約のために電話は安い受信専用を引き、電話をかけるときは外に出て、貯め込んだテレホンカードを使った。商品は、独学の色彩理論。念願の「社長」となる。

顧客はゼロで人脈もない。広告宣伝の仕方も知らない。しかし、人に頼むのは嫌だ。何とか自力でやっていきたい。まずはPRだと、中村はやみくもに飛び込み営業を始める。

「色で経営を変えませんか?」

当時は、〝色〟に問題意識を持つ経営者は少なく、「アンタ、何しにきたん?」と全く相手にされない。名刺もその場で捨てられ、屈辱的な毎日を送った。

転機は一九九五年。新聞を見て、福岡市主催の「第一回女性起業支援セミナー」に参加したのがきっかけだ。ここで中村は、ビジネスの知識はもちろん、人脈の大切さ、夢を実現させるパワーある仲間や熱心な先輩たちとに出逢い、起業人として大きく成長した。今もその仲間と月一回勉強会を続けている。

最初のセミナーでは講師のコンサルタントから「色で食えるはずがない。無理だ」と酷評されたが、会場に来ていた記者が「二〇代の女性が色彩コンサルタントで起業とは面白い」と中村を取材。幸運にもマスコミに大きく取り上げられた。

それをきっかけに、読売新聞で日常の色に関するQ&A方式のコラムを連載開始。色が与える影響や心理、商売繁盛する色の使い方などを書きまくった。すると、「これは面白い、もっと詳しく聞きたい」「ウチで話をしてくれないか」とセミナー講師としても依頼が入り始めた。ただ、それだけでは食えないので、土日はアルバイトで宝石の展示会販売員をやったり、外食はせず公園で弁当という生活がしばらく続いた。

しかしその後、セミナー参加者からの紹介、そのまた紹介と、講師としての依頼は増え続けていった。読売新聞のコラムも大人気で、当初半年間の予定が三年間の連載となり、色彩コンサルタントとしても少しずつ仕事がくるようになる。

こうして、好きな色＝売れる色ではない、中小・零細企業がビジネスに勝つには「色」の知識が絶対必要、という持論はたくさんの人を動かし始めた。

## 営業で外反母趾に悩み「九州で唯一の靴屋を」。

女性起業家支援セミナーから四年。お金を極力使わない活動で、着実に仕事を増やしていった中村は、第二の事業を立ち上げる。一九九九年一二月、女性の足と靴のカウンセリングショップ「メリー・グラシス」を開業したのだ。現在では子供用の靴も取扱い、足に合わない靴に悩む人に喜ばれている。

この靴ショップの開業経緯も、中村自身の体験から。

「経費節減のために、ずっとバスや地下鉄など使わず、できるだけ歩いて回りました。だからといって、講師という大切な仕事があり、〝足が痛いからスニーカー〟というわけにはいきません。いくつもの靴屋を廻り、合う靴を探し求めましたが、痛みはひどくなるばかり。外反母趾《がいはんぼし》になったんです。

既製品では自分の足に合うものがない。かといって、おばさん靴は履きたくない。店員に足が痛くなる原因や予防法も聞いたんですが、誰も知らない。これでは靴のプロとしての自覚がなさすぎじゃないかと腹が立ちました。いつしか、自分で足の悩みを相談できる靴屋をやりたい、と思っていたんです」。

## 店も仕入先もゼロから開拓。

店をやるならあの場所、と憧れていた通りがあった。福岡市の中心部にある浄水通りだ。閑静な住宅街の中に、お洒落なブティックや洋菓子店が並ぶ、福岡有数のスポット。しかし、店舗用の物件は極めて少なく、滅多に空きは出ない。

ある時、中村が通りかかると、三階建てのビルが工事中だった。

「もしかしたらと思い、工事看板の施主に電話しました。すると、店舗が建つという。一階は空いてないが、二階はまだ決まっていない。これは大チャンスだと思いました」。

通常、こういう物件に入居するには優良企業や有名チェーン店が優先される。その時の中村は社長とは言え、自分一人だけの小さな有限会社。しかも、わかりにくい色彩コンサルタントという仕事で若い女性……では信用もない。無論、ビルオーナーとは面識もなく、紹介やコネもない。

中村は、自分の自己紹介と靴屋にかける夢、足と靴に困っている女性がたくさんいることなどを手紙に書き、ビルオーナーに送った。ビックリしたオーナーは金が払えるのか心配したらしいが、中村の熱意に押されて出店を認めた。もちろん、お金はこの四年、バスにも乗らず一所懸命貯めたものを全部つぎこんだ。

凄い行動力だが、実はこの時点で靴の仕入先のアテさえなかった。商品も何もない状態で、物件

だけを先に押さえたのだ。

商品知識もなく、靴屋の経験もなければ、靴メーカーとの人脈や経験もない。しかし、靴に悩む消費者として、「こんな靴があったら、九州にこんな靴屋があれば」という熱意と願望は、人並外れた集中力と行動力を生んだ。

中村は、関東の靴協会に直接飛び込み、靴屋にかける想いを熱心に語った。そして「自分は素人で金もないが、今までにない靴屋を開きたい。仕入れに協力して欲しい」と。靴協会の会長は、そんな中村に、九州には進出していない外反母趾対応の女性靴のメーカーを紹介した。

中村は、靴メーカーの社長に、自分自身が靴で悩んでいること、量販店では既製品の靴に埋もれ、足や靴に困っている人の接客に専念できないこと、自分ほど商品に惚《ほ》れ込んでいるものはいないのだと、とにかく、九州では自分しかいないことを強く訴えた。

その結果、メーカーは「あなたの熱意、よくわかりました。九州はあなたに任せます」と商品供給を快諾。こうして、九州では初めての品種ばかりを揃えた、足と靴のカウンセリングショップ「メリー・グラシス」が生まれた（店は二〇〇三年に、福岡市中央区大名に移転）。

## 女だからとナメられる。

靴の店をオープンして二年目、事件が起きる。最初に取引をした靴メーカーが、「九州はクロスにまかせる」という契約をやぶって、独自に福岡へ出店しようとしたのだ。

中村が問いつめると、靴メーカーの社長は、のらりくらりと言い訳をした。

「アンタんところはフットマッサージ屋でしょう。その傍ら、靴を置いているだけで靴屋じゃないでしょ」とか「九州をアンタに任せるなんて言った覚えはない」とか、「もう、店を出すことは決まってるんだ」などと言う。

そして、突然、靴の供給がストップ。当時はそのメーカーの靴が主だったために、止められては商売ができない。頭に血が上っていた中村だったが、靴を止められて冷静に考えてみた。自分がなぜこの靴に賭けたのか。

外反母趾で苦しんだこと、靴選びに何度も失敗したこと、靴屋の店員に相談しても何のアドバイスもない、それで足の健康と靴の関係を勉強、それは私が自分自身で修得したもの。そう、この靴の接客は私にしかできない、という自信を思い出した。

「結局、弁護士に入ってもらいました。すると、手の平を返したようになりました。なめられていたんですね。しかし、いい勉強になりました」

現在は、一社に偏らず、一二社の仕入れルートを持っている。

## 「オンリーワン」のこだわり。

色彩コンサルタント＝カラーコーディネーターの場合、通常は学校へ通うか、先輩講師の下で勉強するのが普通。しかし、中村は全てを独学した。

「誰かの受け売りでは独自性を出せない。独自性がなければ、創業期の中小零細企業は大企業に勝てません。だから、オンリーワンにこだわりました。

世の中にはカラーコーディネーターなどの専門学校が山ほどあります。でも、そこに通うと、理論や考え方が皆似通ってしまい、業界の先輩にはかないません。

私が色彩コンサルタントでここまでやれたのも、他にない独自の理論を作ったから。だから、靴屋をやる時も、福岡・九州で唯一の靴であり、自分自身が外反母趾で苦しんだ経験から学んだ足と靴の理論、にこだわりました」。

机上の理論ではなく、今どき動物園や植物園で色を研究する人はいない。多くの人からは笑われたそうだ。しかし、今の動物や花の色彩は、厳しい自然に対応し、何億年も生き残ってきたもの。

これはビジネスと同じだ。ビジネスも自然と同じく、弱肉強食の世界。常に新しい競合商品や会社が出没し、消費者のニーズや環境も目まぐるしく変わる。いかに変化対応していくかが大事だ。

ビジネスで生き残る色、勝つ色を、自然界で勝ち残った動植物から学ぶというのは、極めて理にかなっている。

## 大事なのは本気かどうか。

「私には金も人脈もなかった。でも、やろうと思う熱意と努力があれば、夢は叶うんです。本気で絶対やると決めて行動すれば。だから、起業を考える人には、〝どうしようかと迷っている程度では駄目。本気になることが大切〟と言ってます。本気になって行動すれば、理屈云々《うんぬん》でなく動き出します。そして、必ず天の助け＝様々な人からの協力があります」。

金がないから、動物園や植物園、図書館で勉強するという発想が湧き、その結果、どこにもないオリジナル性が出せた。また、〝色〟で飛び込み営業をやる人もいないから面白がられ、各種講演会にも呼ばれるようになった。

靴屋の開業も、本気になって書いた手紙がビルテナントオーナーや靴メーカーを動かし、思いは次々に現実のものとなった。

「私には事業の師匠がいるんですが、その人がいつも言います。経営者に必要なのは、品格、性格、勢い、の三つだと。

その中でも一番大事なのは〝勢い〟だと言います。学歴も経験も人脈も金も、何もない私でも出来た。まずはやることが大事。行動して初めて、未知の扉は開くんです」。

今の夢は、四〇歳になったら個人として山を買い、家を二軒建てること。そして、事業では色のノウハウを確立してスクールを開校し、靴は九州を超えてチェーン展開をしたいという。

「勉強も運動もキライで、何となく過ごしてきた一八歳の私が、欧州で〝色〟に開眼し、初めて本気になりました。本気になった私に、女性起業家支援セミナーとの出逢いがありました。このセミナーでの出逢いが〝基〟となり、私の本気の声に耳を傾けて協力して下さった人の支えで、今の私があります。そして、今からも本気で夢に向かいます」。

## 海外放浪と転職をくり返し、九坪のマンションでスタート

高卒後上京→TVの専門学校→芸能プロダクション→土木作業員→イタリア留学→海外放浪→イタリア語講師→レストラン→無職で結婚→音楽プロダクション設立を経て

旅行業界のベンチャー

**(株)エイチ・アイ・エス/スカイマークエアラインズ(株)**

常務取締役　大野　尚《ひさし》

海外格安航空券の売上で日本一の「HIS」。子会社「スカイマークエアラインズ」の就航を機に、一九九九年からは国内旅行にも本格的に参入した。

一九八〇年に設立された若い会社だが、今では年商で二千億円を突破。大手の赤字や倒産が相次ぐ旅行業界だが、ＨＩＳは設立以来二〇年連続で成長を続けている。一九九六年には豪州にホテルを建設。一九九八年には航空事業に次いで、セゾン系の損保会社や証券会社へも資本参加。米国アメックスのようなコングロマリットを目指している。

「ＨＩＳ」は営業本部ごとに独立採算制をとっている。つまり、営業本部長は各地域の「経営者」として全責任を持つ。大野は現在、東京本社で「ＨＩＳ」と「スカイマーク」の取締役を兼務しているが、二〇〇一年までは九州・中国営業本部長を務めた。

福岡支店を開設したのは一九八三年。天神のわずか九坪マンションでのスタートだった。

## バイトを経て芸能プロダクションへ。

大野は、昭和三三年福岡生まれ。九電に勤めるサラリーマンの家庭で育った。小学生時代は女子と相撲をしても負けるほど体力がなく、勉強も苦手でよく虐《いじ》められたという。

友達がいないため、中学になると福岡市内の喫茶店に入り浸《びた》り。ジャズを通じ大人との付き合いをするようになる。また、中三の時に五木寛之の『青年は荒野をめざす』を読んで、初めて一人で四国のユースホステルを自転車で泊まり歩いたりした。

高校時代は平凡な学生だったが、卒業後に上京。TBS系のTV専門学校に入り、写植の学校にも通う傍ら、池袋のシアターレストランで照明や音響のバイトをやった。

そして、あるレコード会社に入社できたが、三カ月でその会社が倒産。次に、ジャズ系の音楽プロダクションに入社し、芸能界の裏と表を見る。

演歌の大御所のすごい世界や、昨日までスターだった人間が落ちぶれていく姿。当時、大野の給与は八万円で四畳半の生活だったが、交際費は給与の三倍で毎夜飲めや歌えやのドンチャン騒ぎ。昼は適当に時間を潰し、仕事は夜九時からの日々。

「どうもおかしい。間違ってると思いました。当初はプロダクションの社長になるのが夢でしたが、〝まず肝硬変になるのが基本だ〟といわれる世界で、やはり僕のような田舎者には合わない。こういう仕事からは足を洗おうと決めました」。

一年半の音楽プロダクション生活を終え、学歴も職歴も中途半端な大野はアメリカ留学を思い立つ。「当時、アメリカにいた叔母が農場で成功していて、生活の面倒は見てやると。半端な自分にハクを付けようと思いました」。

ところが、いざアメリカという段になって叔父が事故に遭い、予定が狂ってしまう。

そんな時に行動派作家・小田実が書いた世界放浪記『何でも見てやろう』を読み、海外留学を諦めて海外放浪旅行に変更。しかし、当時はガイドブックもない時代。大野は図書館に通い詰め、英語で書かれた『ヨーロッパ一日五ドルの旅』を読んで海外放浪を綿密に計画した。

## 人生を変えた初めての海外放浪。

大野はパキスタン航空の二五万円の一年間オープンチケットを買い、北京~マニラ~カラチ~カイロ経由で三七時間かけてヨーロッパに降り立つ。一九七七年の秋、大野が一九歳にして初めての海外旅行だった。

この旅では目からウロコが落ちるような体験ばかりに遭遇した。最初にフランスに入ったが、当然、言葉は全くわからない。場所も人も慣習も、見るもの聞くものがさっぱりわからない。しかし、それが大野にはおもしろかった。また、旅先で出会った日本人の中には、有名な漫画家などもいたが、大半はノンエリート。皆、人生の目的を生き生きと追求していた。

海外では日本での肩書きは関係なく、皆が対等な立場で様々な話ができた。学歴や職歴がない大野にとって、物心がついて初めて、皆と同じ土俵に上がれたと思えた。

また、旅を続けていると生きるコツのようなものもわかってきた。こっちには安心な宿がありそうだが、あっちはどうも危険だとか、この人は信頼できるが、あいつには騙《だま》されそうだとか——。

自分しか頼れない海外での一人旅は、小さい頃に虐められた大野の動物的な勘を蘇らせた。

## 女を追ってイタリア留学。

モンテカルロからミラノへの列車の中で、大野が座っていたコンパートメントにイタリア人夫婦とその娘が乗ってきた。言葉はほとんど通じなかったが、とても仲良くなり、楽しい時間を過ごした。若く綺麗な娘に「これからどうするの?」と聞かれたのがきっかけで、そのままその家族の家に一カ月世話になった。

その家は山と緑に囲まれた郊外のアパートだったが、朝ウトウトしていると綺麗な娘がエスプレッソを運んで来てくれる。まさに夢かドラマのような世界。しかし、金がなくなり、大野は一時帰国せざるを得なくなった。

「よし、金を貯めて再度イタリアに来て、この娘と結婚しよう!」

東京に戻った大野は渋谷のイタリア語学校に通ったが「あの娘と結婚するという明確な目標があった」ので、一流商社マンよりも上達は早かった。

そして、大野は留学資金を貯めるために様々なアルバイトをやる。壁がいつ潰れるかも知れない地下工事の土木作業では、日に一万三千円になった。最初は劣等感もあったが、ツナギにヘルメット姿の生活には三日で慣れた。他にはソープランドの二四時間アルバイトなどをやって、大野は一年で一七〇万円貯め、再びイタリアへ向かった。

しかし、ミラノの駅に降り立つと憧れの娘の横に男が一人。聞くと、なんとその娘の婚約者だった。「まさに青天《せいてん》の霹靂《へきれき》。それまでの人生で最大の挫折でした」。

落胆した大野は一路フィレンツェへ。現地の語学学校へ三カ月通い、フィレンツェアカデミアに入学。大学ではイタリア近代史を専攻したが、学生ビザで就労もできず、金に困っていたところ、ひょんなことで女性五人と共同生活を始めた。

大野は得意な料理を活かして家事全般を担当。男は大野一人で女の子は裸で部屋をウロウロするという変なイタリア生活だったが、その間に世界五十数カ国を巡る放浪の旅を実行。その経験が、後の大野の人生を決めることになる。

アフリカでは、ヒッチハイクで何もないサバンナの村へ。アメーバ赤痢にかかり、生きるか死ぬかの目に遭う。また、南アやイランやイラク……世界中のいろんな人に会った。

「多くの国では週に三日も飯が食えればうれしく、死体もゴロゴロ転がっていて……。でも、皆、人が死んだら悲しく、子どもが生まれたらうれしい。

自分の学歴や小学校時代の虐めな思い出など、コンプレックスがふっ飛びましたね。世界五十数ヶ国を回って、いろんな価値観を知って、何も恐いものが無くなりました。世界を知って、肉体労働も三日間の徹夜も平気になりました。また、何事も諦めない、前向きな生き方を学びました」。

## まともな職も無く、無職のまま結婚。

まさに『何でも見てやろう』のような旅を終え、一九八三年に帰国。しかし、わけのわからないイタリア帰りの二四歳には、まともな就職口はなかった。東京の短期大学でイタリア語の講師をやったが、給与は六万円で生活はできない。

「どうしようか。そうだ。料理は好きだから、将来はオーナーシェフになろう」と、福岡へ戻ってイタリアレストランで修行。給与七万で休みは月に一日で頑張ったが「年中働いてばかりで旅にも行けない」と、ここも結局一年で退職。

その間、マドリードの駅で出逢った仙台のガールフレンドと電話交際していたが、三回目に会った無職の時に結婚を決意。宮城県石巻市のすし屋二階で結婚式を上げ、二人の財産七〇万円で「帰る日が決まってなかった」格安航空券で欧州のハネムーンへ。

一カ月後に帰国したが、当然無職。「何もない＝何でも出来る！」と、世界の旅ではわかっていたが自分のやりたいことが見えない。

「妻は医療事務の仕事に就き、僕は毎日釣りをしながら考えていました。自分が何をしたいのか、ミッションは何かと。丸一年は妻に養ってもらいました」。

昔やった音楽の世界？　趣味の写真？　……結局、一人で芸能プロダクションを設立し、東京のプロダクションの福岡での代行業を始めた。多い時には五社の代行を請け負い、福岡での歌手の売り出しや接待の世話を一年やった。

## Gパン、Tシャツの「社長」に出逢う。

プロダクション代行は、最盛期は月に一五〇万ほどの収入になったが、ない時はゼロ。どうも自分の一生を賭ける仕事ではないなと思っていた矢先、ある雑誌社から海外関連の記事を書いてくれないかという依頼が入る。同時に、海外に安く行ける旅行会社も取材してくれと頼まれた。当時、格安航空券を売っている会社は福岡に二社。早速、取材を申し込んだ。

そのひとつ、天神の古く薄暗いマンションの一室にあった「ヒデ・インターナショナル」（ＨＩＳの前身）で、ＧパンＴシャツ姿の澤田という男と会う。現在の「ＨＩＳ」社長、澤田秀雄だ。ふたりは旅の話で大いに盛り上がった。澤田は日本に嫌気が差し、アルバイトで貯めた金で西ドイツに留学。そして、ドイツを拠点に世界五十数ヶ国を周り、帰国後の一九七九年に毛皮輸入販売

ていた。

で独立。が、半年で頓挫し、再度、自らの経験を活かして格安航空券を主力とした旅行会社を始めた。

「大野君、この会社は面白いよ。将来は旅行業界で日本一の会社になって、ホテルも航空会社もやるよ。海外にもガンガン支店を作るし、移動は自家用ジェット機だ。どうだい？ スゴイだろ。一〇年後はこうやって、三〇年後はこうして、一〇〇年後は……」。

この人は何なんだ、誇大妄想病の人だな、と大野は思った。大ボラ吹きか詐欺師かとも。だが、何度会っても、いつも同じことを熱っぽく語る澤田。

「それまでの生き様に、いくつも共通点がありました。海外放浪以前も、澤田は高校時代に紀伊半島を自転車で一周したが、僕も四国を自転車旅行。一瞬で澤田という人間に惹《ひ》かれ、うちに来ないかと誘われた時は、二つ返事でアルバイト入社しました。

当時の『ＨＩＳ』は設立五年目で、福岡は二年目。全社でわずか二五人で、福岡は九坪のマンションにわずか三名。うまくやれば乗っ取れるのでは、とも思いましたね（笑）」。

## 「仕事はわからないが世界は知っている」。

何もない会社で毎月赤字。アルバイト料さえもでない。旅は知っているが、旅行ビジネスのことは全く知らない。一体どうやったらお客さんは来てくれるのだろう。そうだ、知っている人に聞いたらいいんだ、と思いついた大野は、福岡の旅行会社に片っ端から、客のフリをして電話をかけ、訪問した。「ロサンジェルスに行きたいんですが……、ケニアに行きたいんですが……、パリに行きたいんですが……」と。

するといろんなことがわかった。思ったより情報を持ってない、思ったより対応が冷たい……。「そこで今の『ＨＩＳ』を分析してみたんです。弱いものはなんだろう。①知名度がない②お金がない③人もいない④モノもない。まあ、これはどうしようもできない。逆に強いものはなんだろう。①自分は世界五十数ヶ国を歩いて情報がある②人件費が少ないから、他社よりも安く航空券を提供できる。③電話や訪問して感じた〝サービスの悪さ〟。これは今すぐ変えられる。そうだ、九州一、応対の良い電話と接客をしよう。何もないが、一本の電話の受け答えを大切にしよう。旅行に関しては誰にも負けない。九州一、海外現地情報に詳しい旅行会社になろうと決意しました。情報があって、安くて、接客サービスがよかったら、お客さんは絶対来てくれると」。

しかし、お客からの電話が鳴らなければ勝負にならない。「そうか、まず、こんな旅行会社があることを知ってもらわなくてはならない。どうしたら知ってもらえるか」と考えた。自分と同じような旅、格安航空券を持って自由な旅がしたい人間はどこにいるのか。

結果は学生だった。探検部やワンダーフォーゲル部、ユースホステル研究会など特異な学生がいそうな部や会に直接に飛び込んで、「ウチは航空券が安いよ。情報もあるよ」と、国ごとの格安航空券の金額を羅列したビラを配った。

ビラは掲示板やトイレの中にも貼りまくった。無断で貼っているのだから、当然ながら、「おタクのチラシ！　一体なんですか、こんなところに貼って。困るんですよ」と、しょっちゅう苦情が入った。「すみません。すぐ、剥がしにいきます」と素直に謝ると、「ところで、アメリカ行きってこんなに安いの？」という質問をもらう。しめた！　これ幸いとガンガンＰＲ。「安いよ！　情報あるよ！」と強調した。

無名の「ＨＩＳ」には待っててもお客は来ない。大野ら営業社員は毎日チラシを配りまくった。

## 友達になることから始める。

徐々に「あそこは旅に詳しいし、金額も安い。ならば、頼んでみようか」とお客が会社に来てくれるようになる。しかし、会社は、薄暗いマンションの一室で、ドアは重い鉄扉。部屋は狭いし、暗いし、とても旅行会社のイメージじゃない。しかも、いらっしゃいませと接客をする自分は、Ｇパンにアシャツ姿で、おまけにヒゲづら。まさに、あやしい雰囲気。お客からすれば「ココ、大丈夫だろうか」、「お金を払って本当に航空券をもらえるんだろうか」と、疑心暗鬼《ぎしんあんき》になるのもムリはない。

「そこで思いました。〝仲良くなろう。友達になろう〟と。〝お茶を出そう、コーヒーも出そう、たくさん旅の話をしよう、旅の相談にのろう〟と。片っ端から旅行会社を訪問した時、どこも冷たいと感じた。ならば、ウチはお客さんにとって一番感じのいい、居心地のいい会社になろう。来てくれた一人一人に一所懸命接しよう、と」。そうやって友達になることから始めた。

すると、まず、地元九州大学の探検部が使ってくれるようになった。探検部の彼らが行く場所といえば、パキスタンやネパールやタンザニアという、当時としては特異な国。それに対して、大野は自分の経験で、具体的に的確に情報を与えることができた。しかも、金額的には、競争相手の料金を聞いて一番安くした。

そうやって出発した人たちが、ちゃんと目的地に行って、目的を果たせて、無事帰国して、「お世話になりました、楽しかった」と土産話をしに会社にきてくれる。また、留学などで滞在が長い旅行者は、海外からお礼の手紙やハガキを送ってきてくれる。その実績の積み重ねが、信用となり、あそこの会社はいいよ、と口コミで徐々に評判になった。

旅行業界から見れば、格安航空券なんて、クズのような存在。儲けは少ないのに、全世界の知識も要るし、手間もかかる。しかし、大野にとっては屁のカッパ。大抵のことは頭に入っているからだ。これはチャンス、今に見ていろ！　と。

当時から世界放浪で有名だった地場大手の居酒屋チェーン社長、財界の御曹司、九州に住む外国人、大学生や大学教授、自由に旅がしたい人達が徐々に「ＨＩＳ」大野を認め始めた。頼んだわけでもないのに、お客が友人知人にチラシを配ってくれ、お客がお客を連れてきてくれるようになった。

## 任されて燃える。

そんな大野を見ていた社長の澤田は、ある日、「九州は一〇〇パーセントお前に任す」という。その言葉に、大野はさらに熱く燃えた。まず、それまでの既存の人数で倍の売上を上げる。人を雇い、狭かったオフィスを、少し広いところに移転。次には店舗展開を考えていった。育った人材を所長として、支店を開設。九州・中国地区に次々に拠点展開した。

そして、入社一〇年目の一九九五年に「ＨＩＳ」は株式を店頭公開。創業当時に「運転資金が足りないから出せ」と言われて購入した一〇〇万円の株が数億円になり、創業期の海外プータローー軍団はまさに現代のジャパニーズドリームを実現した。

「僕が澤田から九州・中国地区を任されてやる気を出したように、僕も部下にどんどん仕事を任せました。〝一人で行って支店を開設しろ、俺はお前を信じている〟と任せれば、人は八〇パーセントの力を一五〇パーセント出せるんです」

実力に加え、「ＨＩＳ」にも澤田にも、大野にも時流が味方した。自由に海外を旅をする、いわゆるバックパック旅行がトレンドになっていったからだ。

「澤田にはオーラがあった。創業当時から、一〇年後には年商で一千億を超え上場すると言っていた。そのオーラが僕には見えた。芸能人や世界の人々との付き合いで、何度もそういう場面を見ていたから、この男を信じてついていこうと。単なる石コロ同然だった僕の可能性を引き出してくれた澤田には、本当に感謝している。

僕が『ＨＩＳ』の福岡を任された時、約三〇〇〇万円の赤字があった。二〇〇一年一〇月『ＨＩＳ』の業務から離れるまでに、鳥取から鹿児島まで二二店舗、沖縄にも合弁で支店を作り、一二〇億という売上を達成した。澤田が私の可能性を引き出してくれたように、自分も部下の可能性を信じ、任せた。そうして、みんなで歯をくいしばって頑張った結果が、今の『ＨＩＳ』。本当に何もないところからのスタートで、旅が好きなだけで、ビジネスの勉強も全くしていないけど、ここまで来れた。振り返れば、本当に楽しかったと思う」。

## 「日本の空を安くしたい」。

大野は、今、新たなチャレンジをしている。二〇〇一年一一月から東京本社で関連会社の営業本部統括となり、主に「スカイマークエアラインズ」を見ている。航空機業界はインフラに莫大《ばくだい》なお金がかかることを始め、問題が山積みであるが、大野はあきらめない。

「HIS」がスタートした二十数年前、世界の空は高かった。ハワイに行くのに二〇万、三〇万円かかっていたし、ヨーロッパなど五〇万円が相場だった。それを今ではハワイは五万円台、冬場のヨーロッパは一〇万を切るツアーが出ている。それに比べて、日本は高い。その日本の空を安くしたい、という気持ちから「スカイマーク」は生まれた。

「人間が流動化しないと景気は良くならないと思うんです。人が動かないと物も動かない。それは、欧米を見るとわかります。ヨーロッパが景気対策に考えたのが、レジャー産業の強化です。休みを与えて、交通機関を安くした。ホテルなども利用しやすい金額にした。すると、人の移動が始まった。たくさんの人が交通機関を利用する。人が動けば、飲食やいろんな店にもお客が来た。また、旅行に必要ないろんな物を購入する。そのためには、日本の空を安くしないと」。

そこで航空会社の莫大な経費をひとつひとつ検討。アウトソーシング体質から自社化を計る。メンテナンス、チェックインカウンター、パイロットなど。ランニングコストを安くしていった。

「同時に、予約センターの電話応対をどこよりも良くしよう。かつての『HIS』がそうしたように、チェックインカウンターで一番気持ちの良い挨拶をしよう、『スカイマーク』に乗ってくれて本当に有り難うという気持ちを表そうと、懸命に説いています。

まあ、早々には変わりません。大切なのは継続。そして自らが実践すること。気持ちの良い挨拶をし、心がこもった感謝の言葉をかけ続ける。私は決してあきらめません。少しずつですが変わってきています」。

## スカイマークは一九年前のHIS。

「『スカイマーク』は四年前、マスコミに取り上げられて世に出ました。マスコミによって世に出たものは、ちょっとしたことで信頼も失われてしまうし、そうなったら誰も支持してくれない。『HIS』が口コミを大切にして大きくなったように、『スカイマーク』も口コミで大きくしていこう。そのためには、お客様に本当に感謝する気持ちを持って、お客様から、また乗りたい、あなたがいるから使いたい、と思われるようにしなきゃいけない。料金もあるけれど、まず我々の気持ちの良いサービスがあってこそ。それを、全社員に、本当に分かってもらうことが一番大事だと思い、行動しています。

また、今の我々の強さは、人が少ない、会社が小さいということ。全日空は一万五千人、JALとJASの統合グループ五万人に対して、我々はたった五〇〇人。でも少ないからこそ、小さいからこそ、まとまりやすいはず。確かに規制が多いけれど、〝できない、できない〟と決めつけずに、まずは〝できる、やろう〟と思おうと言ってます。

今の『スカイマーク』は一九年前の『HIS』と同じなんです。できることから始める。昨日より一歩上のサービスを心がけ、お客様にとってグッドなことをする。それを積み重ねて『HIS』は大きくなった。同じように、『スカイマーク』にしかやれないグッドを積み重ねようと、一所懸命に呼びかけています」。

虐められっ子で、どうしようもない大野がここまで来れたのはある意味では奇跡。でも、それは七八ヶ国の世界貧乏旅行で、生きるか死ぬかの思いをし、人の生死を目の当たりにし、孤独や空腹に耐えた経験が、人間的な強さを育ててくれたから。言葉も文化も習慣も違うからこそ、動物的な直感力が目覚め、それが経営に活かされている。

「結果としては、挫折ばかりでどうしようもない青春時代が僕の財産。人生には、無駄なことは一つもないんですね。信じて、人生を投げなきゃなんとかなる。すべては自然の摂理です。もちろん、何を信じて見分けるかは訓練が必要。若いうちにいろんな経験をして、いろんな世界を見てまわり、価値観、人間としての器を広げることです」。

大野は二〇〇四年、「再びゼロからのスタート」を切る予定という。

# あとがき　夢は必ず実現する

## 文章を書き出したキッカケ。

文章を書くこと。これほど嫌なことはないと、高校までは思っていました。作文の時間になると頭が真っ白で何も出てこない。その劣等感が強烈だったので、大学に入ってからは毎日、日記を書くと共に本の乱読をしました。しかし、就職してからは営業畑が長く、文章を書く機会もありませんでした。

初めて公の文章を書いたのは、最初の脱サラの時。無料職業相談・企業紹介業をやっていましたが、当時、愛読していた「週刊キウイ」の読者アンケートに投稿したのがきっかけです。池田編集長から「あなたの意見は面白いから何か書いてみませんか?」とお誘いを頂き、自分や他人の「ドキュメント退職」シリーズを一年間連載しました。

その後、その雑誌を見ていた船井総研の関連出版社・ビジネス社の花田社長（現・上場会社ナック取締役）から「独立しても食えないだろう。俺の仕事を手伝え」と声を掛けていただき、船井総合研究所の発行する「月刊フナイ」の契約ライターになりました。

福岡にUターンしてからは広告代理店に営業職として勤務しましたが、その会社には社内にコピーライターがいませんでした。仕方なく自ら広告原稿を書く機会が増え、その合間も「月刊フナイ」等の取材執筆はアルバイトで続けていました。

二度目の脱サラとして広告代理店を始めたときも、コピーライターに頼む資金がないため、営業＋取材＋コピーライティングをしました。仕事以外にも、異業種交流会の「九州ベンチャー大学」の案内や会報を書く機会が増え、気がついたら「文章を書くこと」が私の仕事の大半を占めるようになりました。

## 年末の目標設定セミナーでホラ吹き宣言！

最初に「本を書け」と応援してくれたのは、九州No・1の宅配ずしチェーン「ふく鮨本舗の三太郎／ドゥイットナウ」の蔀《しとみ》社長です。一九九八年の年末から書き始めたのですが、九九年に入って仕事が多忙になり頓挫。再び九九年の年末からチャレンジしましたが、慣れない閉じこもり生活でウツ病(?)を発症。二〇〇〇年の二月にはワープロを打つ手が止まってしまいました。その後は落ち込みが激しくなり、まえがきに書いたように神経科や心療内科に通院。七ヶ所の新興宗教に顔を出したり、様々な人生の本を乱読しました。

他に、自己啓発セミナーやテープ学習、お寺の内観研修にも参加しましたが、自らの天職＝人生の目標が決まらなくては努力のしようもありません。そうこうするうちに仕事にも身が入らなくなり、生活資金も枯渇《こかつ》。精神を鍛え直そうと朝四時に起きて新聞配達をやったり、感謝の気持ちが足りないのだと「一日千回のありがとう」を唱えたりしましたが、何をやっても答えは見えませんでした。

何とか状況を打開しようと、二〇〇一年一二月に行われたサクセスパワー福岡のＳＭＩ、中小企業家同友会、「ランチェスター経営」の経営計画セミナーに参加。各会でＡ４一枚の人生経営計画書を書き、苦し紛れに「私は二〇〇二年一一月一二日までに本を出版する」と書きました。二〇〇二年一一月一二日は私の四四歳の誕生日で、尊敬する父が亡くなった年齢。三〇代で福岡シティ銀行の取締役となり、起業家を支援する銀行家の天命を全うした父に、何とか少しでも追いつきたいという夢でした。

また、人生面で尊敬する「やずや」創業者の矢頭宣男さんが天職に目覚め、仕事面の師匠である「ランチェスター経営」竹田先生が独立したのも四四歳。だから俺も四四歳になったら天職が見つかるんだと、自分で自分を信じ込ませようとしました。

同友会の経営計画セミナーが終了後、講師の「ランチェスター経営」竹田先生と南王の永野さん、ローズルームの青野さんと二次会へ。酔った勢いもありましたが、その場で三人から「必ず来年は本を出すように」と念を押され、私も「わかりました！　じゃあ、来年の五月には出版記念パーティをします！」と宣言。その場はお開きになりました。

## 年賀状でも出版を宣言し、出版社へアタック。

九八年末、九九年末に続く三度目の本へのチャレンジ。二〇〇二年一二月の中旬から原稿を書き始めましたが、目的のない航海に出たようで、再び閉じこもりがちのウツ気味に。

このままでは、また挫折してしまう。もう後に引けないような、何か仕掛けをしなければと考え、思い切って二〇〇二年元旦に次のような年賀状を出しました。

「祝！　栢野克己が本を出版します!!　構想一〇年、書き始めて三年目。出版は五月一〇日。五月二〇日にアクロス福岡で一千人の出版記念パーティ！……という初夢を見ました」。

もちろん、この時点では何も決まっていません。しかし、とにかく原稿を仕上げよう、そして、駄目もとで出版社に持ち込もうと、全ての仕事を中断。事務所に籠《こ》もりました。その間、「ランチェスター」の竹田先生や市民バンクの片岡さんから何度も助言と励ましを頂き、何とか三月上旬に原稿を書き上げました。

次は出版社探し。自費出版をする資金はもうありませんでしたから、正式な出版をしてくれる出版社を探すしかありません。私は毎日、インターネットで「出版の仕方」とか「本を書く」のキーワードで、どうしたら素人が本を出版できるか情報を収集しました。

同時に、今回の本のテーマである「天職」。この言葉に引っかかる本もインターネットで調べてみました。天職の言葉を含む本が約二〇冊出てきましたが、その中に『わたしの天職』という本を発見。発行元は石風社で、なんと住所は地元福岡ではないですか。

ある人から「本の出版を売り込む場合は、以前に似たようなジャンルを手がけている出版社がいい。テーマが同じなら、編集者の理解も早いからだ」と聞いていました。私は「これはまさに天の巡り合わせかも知れない」と勝手に考え、石風社の住所を電話帳で調べ、飛び込み訪問で原稿を持ち込みました。そして一カ月後の二〇〇二年四月一二日。担当の藤村さんから電話を頂き、出版が決まったのです。

ところがその後、この本に最初に取り上げた複数の起業家から「この原稿ではダメだ」「この記述がマズイ」「やっぱり掲載は不可だ」と訂正や書き直しが続出。校正が長期に渡るようになりました。

### 先に出た『小さな会社☆儲けのルール』がベストセラーに。

その最中の二〇〇二年の六月、竹田先生の本の執筆を手伝わないかという話（竹田先生の配慮で共著に）が舞い込み、一〇月半ばまで毎日一五時間かけて『小さな会社☆儲けのルール』（フォレスト出版）を書き上げました。竹田ビジネスモデルとベンチャー大学のゲストの事例を合わせた起業・中小企業向けの経営戦略本ですが、これが発売一カ月でいきなり各種書店のベストセラーにランクイン（二〇〇三年一一月現在で第一〇刷六万部）。

その後、メールマガジン「バカ社長の成功事例一〇〇連発！」がスーパーおすすめメルマガ二〇〇三（主催リクルート・オールアバウト社）に選ばれたり、趣味で書いていたネットの個人日記「人生はアドベンチャーだ」がアクセス件数でビジネス系日本一になって、毎日十数件の読者相談や年間一〇〇回ペースで講演・コンサル依頼が殺到。大幅に遅れましたが、今回やっとこの本をまとめることが出来ました。

＊　＊　＊

実は一九九五年八月、二度目の独立時、ワープロ一枚の会社案内の最後に「夢は人生と経営の雑談相談サロンを創ること」と書いていました。自分自身、就職・転職で悩み、起業後も挫折と失敗の連続。天職もわからない。

しかし、こういう人間は俺だけでなく、周りにも一杯いる。何とか成功したい。天職を見つけたい。ならば他人はどうやったか聞きたいと、やってきたのが人生経営セミナー&交流会の「九州ベンチャー大学」であり、勉強したのが竹田先生のランチェスター「弱者必勝の戦略」でした。

ただ、ベンチャー大学は単に人の話を聞いてきただけ。竹田先生のようなコンサルタントになりたいと思っても、俺にはそんな資格も能力もない。「やずや」の矢頭宣男さんのような人生逆転物語も、所詮は他人事だ。俺には無理だと、何度も諦めていました。

だから講演やコンサル依頼を頂いたときも、「とても俺には無理だ。恥ずかしい」と思ったんですが、竹田先生が私を「最初は誰でも初心者。とにかく場数を増やすしかない」と叱咤激励《しったげきれい》。二年前はコンサルや講演の依頼があると一週間前から緊張して眠れなかったんですが、今は原稿ナシのアドリブでも平気になりました。経営相談も起業・小企業限定ですが、方向性のアドバイスや実例の話で多少はお役に立てることもあるようです。

## 昔の自分を救いたい。

今回、取り上げた社長さん方は、そのほとんどが私の主宰するビジネスセミナー交流会「九州ベンチャー大学」を通じて知り合いました。九二年の一一月からほぼ毎月開催し、この一二月で一二九回目と丸一一年になります。その間の参加者は約一万人。毎回、多くの方々に助けられ、維持運営をすることができました。本当にありがとうございます。

一冊目の『小さな会社☆儲けのルール』が起業経営の入門書とするなら、この本は「人生経営の事例集」です。

「まえがき」にも書いたように、実はこの本を書こうと思った一番の目的は、私自身のためでした。何ども転職や脱サラに失敗し、自分の天職がわからない。ならば、他の人はどうなのかと各分野の成功者の話を聞いて、自分探しのヒントを掴《つか》もうと思ったのです。

本を書こうと思い立ってから四年。面白いことに、今では就職を考える学生、転職・脱サラに悩む社会人、起業後の壁にぶつかった零細自営業者の相談に乗ることが多くなりました。

それはまさに二〇年前の就職活動で悩んだ自分であり、一五年前に転職で挫折した自分。さらには一〇年前に起業した自分、一年前にウツで落ち込んでいた自分そのものなんですね。結果として自分の天職は「天職や起業で悩む弱者」専門の講演家・コンサル（というか雑談相手）だと気づきました。それは「昔の自分を救いたい」からです。

突然原稿を持ち込んだにも関わらず、膨大な駄文に目を通していただいて最初のチャンスをいただいた石風社に感謝いたします。

そして、何よりも今、この本を手にとって読んで頂いている読者の方、よくぞ、洪水のように溢れる本の中から選んでいただき、本当に有り難うございます。貴方の会社と人生の、「本当の天職」を見つける手だてになれれば幸いです。


最後に。この本に書いた各人の敗者復活物語は現在進行中であり、人生を逆転したノウハウはとても全部書けません。本来なら、一人の人生で一冊になります。

読者の方でお悩みがある方は、遠慮なくメール、または電話を下さい。時間の許す限り、かつ、私のわかる範囲でアドバイスをさせていただければと思います。

また、私が日々の出逢いで気づいたことや逆転の人生戦略のヒントは、ホームページ「人生はアドベンチャーだ」に毎日書いています。全国での講演・交流相談会の予定も載せています。こちらも参考にして下さい。

著者　**栢野克己**（かやのかつみ）

零細起業コンサルタント。
昭和33年11月生まれ。福岡市出身。立命館大学経営学部卒。
ヤマハ発動機（オートバイの営業）・リクルートエイブリック（求人広告営業）・コンピューターシステムリース（リース営業）・ミッド（チラシ宅配）・職業相談業・フリーライター・アド通信社（広告営業・取材）を経て、平成7年独立。(株)インタークロスを創業。中小零細・ベンチャー企業を専門に、弱者必勝のランチェスター戦略・販促・集客のコンサルティングを実施。平成4年より、起業ビジネスセミナー＆異業種交流会「九州ベンチャー大学」を11年間にわたり毎月、計130回近く主催。延べ参加者は6000人、通信会員は1万人を超え、在野の異業種交流会では日本最大級に発展。他に朝7時からの早朝勉強会「共創マーケティング研究会」や「缶ビール雑談会」も共催。経営者や起業を目指す人を対象に、各種経営相談・カウンセリングも行っている。大学・商工会議所等の講師・相談員も歴任。
「人生を逆転する！　九州ベンチャー大学」（ケーブルテレビJ-COM福岡で放映）ではキャスターを務める。ベンチャー起業月刊誌「フォーネット」やネット各誌で連載多数。年間講演回数は約100回、「弱者必勝の経営戦略」「逆転の人生戦略」をテーマに、全国の商工会議所やＪＣ・各種団体・民間企業・学校を奔走している。
ネットの個人日記「人生はアドベンチャーだ」は年間約100万のアクセスを記録。読者を対象に朝5時～無料で人生・経営に関する電話相談にのっている。
著書に『小さな会社☆儲けのルール』（師と仰ぐランチェスター経営・竹田陽一氏との共著。フォレスト出版）がある。
連絡先：〒810-0073 福岡市中央区舞鶴1-2-33-304(株)インタークロス
電話 092-781-5252 FAX 092-781-5353 eメール kaya@hf.rim.or.jp
会社ホームページ http://www.q-venture.com（検索：九州ベンチャー大学）
個人ホームページ http://blog.livedoor.jp/kaya0169
（検索：人生はアドベンチャーだ）

逆転バカ社長　天職発見の人生マニュアル

二〇〇四年一月三十一日初版第一刷発行
二〇〇六年四月一日初版第三刷発行

著　者　栢　野　克　己
発行者　福　元　満　治
発行所　石　風　社
福岡市中央区渡辺通二―三―二四　〒810-0004
電　話　〇九二（七一四）四八三八
ファクス　〇九二（七二五）三四四〇

印　刷　正光印刷株式会社
製　本　篠原製本株式会社

＊表示価格は本体価格（税別）です。定価は本体価格＋税です。

中村哲＋ペシャワール会篇
## 空爆と「復興」 アフガン最前線報告

米軍による空爆下の食糧配給、農業支援、そして全長十四キロの灌漑用水路建設に挑む著者と日本人青年たちが、四年間にわたって記した修羅の舞台裏。二百数十通に及ぶeメール報告を含む、鬼気迫るドキュメント
**（2刷）一八〇〇円**

トーナス・カボチャラダムス（画・文）
## 空想観光 カボチャドキヤ

「今ここの門司の町がカボチャラダムス殿下が魔法をかけている間だけカボチャドキヤ王国なのである」〈種村季弘氏〉猥雑でシニカル、豊穣でユーモラス、高貴にしてエロティックなカボチャの幻境を描いた不思議な画文集！

**二〇〇〇円**

安達ひでや
## 笑う門《かど》にはチンドン屋

親も呆れる漫談少年。ロックにかぶれ上京するも挫折。さらに保証をかぶって火の車になり、日銭稼ぎに立った大道芸の路上で、運命の時はやってきた——。全日本チンドンコンクール優勝、希代のチンドン・バカが綴る、チンドン稼業の裏話と極楽
**一五〇〇円**

小林澄夫
## 左官礼讃

「左官教室」の編集長が綴る土壁と職人技へのオマージュ。左官という仕事への愛着と誇り、土と水と風が織りなす土壁の美しさと共に、打ちっ放しコンクリートに代表される殺伐たる現代文明への批判、そして潤いの文明へ向けての深い洞察を綴る
**（6刷）二八〇〇円**

藤田洋三
## 鏝《こて》絵《え》放浪記

壁に刻まれた左官職人の技・鏝絵。その豊穣に魅せられた一人の写真家が、故郷大分を振り出しに、壁と泥と藁を追って、日本全国、さらには中国・アフリカまで歩き続けた25年の旅の記録。「スリリングな冒険譚の趣すらある」（西日本新聞）
**（2刷）二二〇〇円**

藤田洋三
## 藁塚《わらづか》放浪記

**各紙誌絶讃紹介！** 北は津軽の「ニオハセ」から、南は薩摩の「ワラコゾン」まで、秋の田んぼを駆け巡り、〈ワラ積み〉の呼称と姿の百変化を追った三十年の旅の記録。日本国内はいうに及ばず、果ては韓国・中国まで踏査・収集した写真三百集を収録
**二五〇〇円**

ジミー・カーター〔訳〕飼牛万里

## 少年時代

米国深南部の小さな町、人種差別と大恐慌の時代。家族の愛に抱かれたピーナッツ農園の少年が、黒人小作農や大地の深い愛情に育まれつつ、その子供たちとともに逞しく成長する。全米ベストセラーとなった、元アメリカ大統領の傑作自伝

二五〇〇円

〔文〕姜信子〔写真〕アン・ビクトル

## 追放の高麗人《コリョサラム》「天然の美」と百年の記憶

**＊03年地方出版文化功労賞受賞**

1937年、スターリンによって遥か中央アジアの地に追放された二〇万人の朝鮮民族＝高麗人。国家というパラノイアに翻弄された流浪の民は、日本近代のメロディーを今日も歌い継ぐ。人々の絶望の奥に輝く希望の灯火に魅せられ、綴った百年の物語

二〇〇〇円

浅川マキ

## こんな風に過ぎて行くのなら

ディープにしみるアンダーグラウンド——。「夜が明けたら」、「かもめ」で鮮烈なデビューを飾りながら、常に「反時代」的でありつづける歌手。三十年の月日が流れ、時代を、気分を遠雷のように照らし出す初のエッセイ集

二〇〇〇円

隅田川乱一

## 穴が開いちゃったりして

**●椎名誠、永江朗、近田春夫氏他絶讃**「自分の師です」（町田康氏）。深く自由に生きるため、世界の表皮を裏返し、全身全霊で世紀末を駆け抜けたカルトの怪人・隅田川乱一。プロレス・パンク・ドラッグ・神秘主義・ビートにまつわる、ディープでポップな知力

二〇〇〇円

ふるまいよしこ

## 香港玉手箱

転がり続ける街、香港から目を離すな！　その街と人のパワーに惹かれ在住十余年になる著者が、ニッポンに向けて発信する熱烈辛口メッセージ**【目次】**返還の舞台裏／香港ドリーム／地べたの美食ツアー／金・金・金／祖国回帰他〈香港で売れている香港本！〉

一五〇〇円

坂口　良

## 極楽ガン病棟

やっと漫画家デビューした三四歳で肺ガン宣告。さらに脳に転移しての二回の開頭手術。患者が直面する医療問題（薬の知識、お金、入院）をベースに、命がけのギャグを繰り出す超ポップな闘病記！

（3刷）一五〇〇円

**＊読者の皆様へ**　小社出版物が店頭にない場合には「**地方小出版流通センター扱**」とご指定の上最寄りの書店にご注文下さい。なお、お急ぎの場合は直接小社宛ご注文下されば、代金後払いにてご送本致します（送料は一律二五〇円。定価総額五〇〇〇円以上は不要）。